엄마는 잠시, 평화를 지키러 갑니다

엄마는 잠시,
평화를 지키러 갑니다

초판 1쇄 인쇄일 2025년 12월 3일
초판 1쇄 발행일 2025년 12월 10일

지은이 석혜선
펴낸이 양옥매
디자인 송다희 표지혜
마케팅 송용호

펴낸곳 도서출판 책과나무
출판등록 제2012-000376
주소 서울특별시 마포구 방울내로 79 이노빌딩 302호
대표전화 02.372.1537 **팩스** 02.372.1538
이메일 booknamu2007@naver.com
홈페이지 www.booknamu.com
ISBN 979-11-6752-712-7 (03800)

* 저작권법에 의해 보호를 받는 저작물이므로 저자와 출판사의 동의 없이
  내용의 일부를 인용하거나 발췌하는 것을 금합니다.
* 파손된 책은 구입처에서 교환해 드립니다.

엄마는 잠시,
평화를 지키러 갑니다

낯선 땅에서 배운
사랑과 평화의 기록

석혜선 지음

프롤로그

지금 나는 전우들과 함께 하루를 마치고 즐겁게 이야기하며 저녁을 먹고 돌아와 이 글을 쓰고 있다. 지극히 평범한 이 일상의 한 부분이야말로 파병지에서 그토록 그리웠던 무엇이었다. 때로는 고되고 버거운 시간이었을지라도, 돌아보면 너무나 사랑스러웠던 나의 일상이었다. 인간에게 원죄가 있다면, 어쩌면 그것은 지금 내가 가진 것을 온전히 누리지 못하고 가지지 못한 것에 대한 동경과 욕망, 그것에 휘둘리는 어리석음 탓일지도 모른다.

파병에 대한 나의 바람 역시 그것에서 크게 벗어나지 않았던 것 같다. 여기서 내가 경험할 수 없는 것들에 대한 동경이었다. 인간적으로는 색다른 경험에 대한 갈망이었고, 군인으로서는 다른 환경에서 간접적이나마 전장에 대해 느껴보고 싶다는 바람이 그것이었다. 그렇게 떠났다 돌아온 덕분에 내 버킷리스트의 한 줄을 채웠지만, 그렇게 해서 돌아온 것은 그 무엇보다도 내가 가진 것에 대한 돌아봄과 감사함이었다.

인간이 어리석은 만큼, 인간이 구성하는 '나라'라는 존재 또한 그다지 지혜롭지는 못한 듯하다. 그저 인간의 논리 안에서 합리적으로 존재할 뿐이다. 나라 역시 지금 갖지 못한 것에 대한 동경과 욕망으로 갈등하고 종종 충돌한다. 우리는 그것을 전쟁이라 하고, 운 좋게 피한 상태를 평화라고 한다. 그러나 그 평화조차 늘 긴장을 내재한다. 물 위를 고요히 떠다니는 오리가 수면 아래서 쉼 없이 발을 휘저어야 하듯, 우리가 평화라고 부르는 현상은 그렇게 유지된다. 그것이 엄청난 축복이고 행운인 것을 잘 몰라서 그저 당연한 것으로 여기고 쉽게 시큰둥해한다. 나 또한 그런 사람 중 한 사람이었다. 다른 곳의 모습을 마주하고 나서야 내가 있던 곳이 비로소 보이더라는 부끄러운 고백을 해본다.

이 글들은 내가 파병지에서 남긴 일기들이다. 처음에는 특별하고 극적인 이야기들로 채워질 것이라는 나의 예상과 달리 소소한 성장기가 되어버린 듯하다. 사적인 기록의 엮음이라 한편으로 부끄럽기도 하지만, 어쩌면 보편적인 정서들일 것이라는 믿음에 세상에 내어 보일 용기를 내었다.

각자의 전장에서 묵묵히 고군분투 중인 우리 모두를 응원해본다. 특별히 대한민국 곳곳 보이지 않는 곳에서 오늘도 묵묵히 주어진 임무를 수행하고 있는 이들, 그리고 타지에서 팔에 달린 태극마크에 영혼을 의지하며 고군분투 중일 군복 입은 이들에게 작은 위로를 전하고 싶다.

2025년 8월 13일
석혜선

차례

프롤로그 4

1 새로운 세상을 향한 첫걸음

떠나는 이의 아침, 혼자가 되다 10
낯선 땅, 이방인 군인의 임무 17
카슈미르, 조용한 긴장의 땅 23
작전의 조력자, 시큐리티 팀 32
다름 속에서 더욱 빛나는 우리 41

2 그리움과 배움의 시간

정답을 찾는 아이, 정답을 의심하는 엄마 50
17시 PST, 매일의 그리움 58
초소장의 시간, 친구가 된 군인 66
작은 꿈을 지닌 아이들, 카슈미르의 교실 78
부르카 소녀의 질문, 종교와 두려움 사이에서 84

3 역사와 풍경의 만남

파키스탄의 안개, 비, 인샬라   92
무굴제국과 라호르   102
파키스탄의 또 다른 얼굴, 길깃   111
등산을 사랑하는 이들의 성지, 스카루드   126

4 멈춘 시간, 흔들리는 마음

갇힌 초소, 멈춘 시간 속에서   140
삽질 같던 시간도, 결국은 나였다   145
빛과 그림자, 이슬라마바드의 두 얼굴   151
인연이 만들어준 마음의 방패   162
스트레스를 이기는 일상의 힘   170
귀국, 다시 낯선 일상 속으로   175

5 국적을 넘어 마음으로 만난 사람들

옵저버 눈에 비친 파키스탄 1   184
옵저버 눈에 비친 파키스탄 2   192
국경 너머의 인연들   200

에필로그   223

1

새로운 세상을 향한 첫걸음

떠나는 이의 아침, 혼자가 되다

낯선 땅, 이방인 군인의 임무

카슈미르, 조용한 긴장의 땅

작전의 조력자, 시큐리티 팀

다름 속에서 더욱 빛나는 우리

떠나는 이의 아침, 혼자가 되다

남편과 아들, 남동생의 배웅을 받으며 몇 년 만에 방문한 인천공항. 내 목적지는 파키스탄이었다. 저마다의 이야기와 설렘과 혹은 피로감이 공존하는 그곳에서 우리는 도무지 가늠할 수 없는 앞으로의 날들에 대해 함부로 설렘도, 함부로 두려움도 느낄 수 없는 그런 상태로 평소보다 늦은 아침을 먹고 포옹과 인사를 나눴다.

출국 심사대가 우리를 갈라놓은 그 순간부터 나는, 혼자였다. 여러모로 꽤 걱정적이던 지난 몇 개월이었다. 설렘, 우려, 의구심이 어지럽게 뒤섞이던 시간이었다. 때때로는 이런저런 상념에 잠 이루지 못하는 밤도 여러 날이었다. 오히려 배우자보다 '나'를 설득하기 위한 노력이 더 필요했던 날들이었다.

비행기가 출발했다. 스스로 선택하고도 그런 나를 설득해야 했던, 그 어제의 오늘들을 모두 내려놓는 순간이었다. 그 모든 상념과 혼돈과 감정들도 결국 내가 있는 그 '시간'과 '장소'로 구성되는 그 무엇인 건지, 이제 이 비행기가 활주로를 벗어던지고 나가는 것처럼 나의 그것들도 끝끝내 나를 붙잡지 못하고 곧 벗겨져 나갈 것 같은 느낌이 들었다. 다행이었다.

새로운 삶에 적응하고, 집중해야 한다는 명제가 이제야 다가온다. 지난 1년여의 시간 거의 대부분을 파병 준비와 함께 했지만, 그 뒤에 펼쳐질 삶에 대해서는 너무 피상적으로만 생각해왔음을 새삼 깨달았다.

그래도 크게 걱정하진 않으려 한다. 언제나 내 삶은 두려움과 함께였다. 잦은 이동으로 매번 바뀌는 임무와 사람들, 낯선 환경은 늘 약간의 설렘과 훨씬 더 큰 두려움을 안겨주었다. 그래도 난 언제나 거기서 또 다른 내 이야기를 꾸려왔다. 하여 나는 지금 두렵지만, 그 두려움에 압도되지는 않을 것이다.

*

한국에서 태국까지, 약 다섯 시간. 몇 시간의 경유를 거쳐 다시 다섯 시간을 날아가야 닿을 곳, 파키스탄. 태국까지는 별다른 감흥이 없었다. 그러나 이슬라마바드행 비행기 탑승 대기 줄에 서는 순간, 비로소 실감했다. 아, 나는 지금 '파키스탄'에 가고 있다!

이 정도의 낯섦은 실로 오랜만이었다. 육사에 입교하던 첫날의 충격과 비슷하려나, 커피색을 닮은 피부와 풍성하고 검은 수염을 가진 사람들의, 혹은 머리끝서 발끝까지를 커다란 천 같은 옷으로 감싼 사람들의, 특유의 깊고 커다란 눈망울이 나를 향해있었다. 그 순간,

전투복을 입고 온 것을 후회했다. 혹시나 마중 나올 본부 참모가 나를 못 알아볼까 싶어 전투복을 선택했지만, 이국의 공항에서, 그것도 여성이 다른 나라 전투복을 입고 고향으로 향하는 비행기를 기다리는 모습은 그들에게도 충분히 낯선 풍경이었을 것이다.

그 무엇보다 가장 강렬한 자극은 눈이 아니라 코를 통해 전해졌다. 내가 살면서 지나온 그 어느 순간에도 경험하지 못했던 오묘하고 텁텁한 그런 냄새였다. 후각이 그토록 지배적인 자극이라는 것을 처음 알았다. 주위에 가득한 낯선 언어의 혼란스러움은 이 모든 상황이 내게 주는 위압감을 더해주었다.

울고 싶지 않았다. 그러나 자칫, 정신줄을 놓으면 왈칵 눈물이 나올 것 같았다. 울면 안 된다. 나는 태극기가 왼쪽 팔뚝에 얹힌 전투복을 입고 있었다. 파란 모자를 조금 더 눌러쓰고, 아랫입술을 깨물고, 두 다리에 힘을 더욱 주고, 움직임을 최소화한 채 온몸에 힘을 주고 있는데 집중했다. 압도되지 않기 위한 나만의 조용한 저항이었다. 나만 빼고 모두는 평화롭고 행복한 시간과 장소였으리라. 그래서 더 웃기고 더 서러운, '웃픈' 순간이었다. 나 혼자만의 전투였다. 깊고, 크고, 검은 눈동자들이 힐끔거리며 때로는 노골적으로 나를 쳐다보고 있었다. 서늘하기까지 한 그 시선 속에서 나는 홀로, 그리고 묵묵히 서 있었다.

나중에서야 안 사실이지만 파키스탄인들은 상대방을 정면으로 쳐다보는 게 일상적이고 보편적인 행동 양식이었다. 낯선 사람도, 그래서 그의 시선을 허락하지 않은 타인도 개의치 않고 똑바로 쳐다본다. 고개를 돌려서라도, 혹은 가던 길을 멈춰서라도. 그것은 운전 중이던, 오토바이 뒷좌석에서 운전자를 붙잡고 있던 예외가 없다. 그래서 그들의 노골적인 시선과 마주치더라도 당황할 필요는 없다고 했다. 하지만 오래된 내 습관은 여전히 그 시선을 편히 받아들이지 못한다. 마주 보는 순간, 나도 모르게 눈길을 거두고 마음 한쪽이 조심스레 움츠러든다.

*

눈으로, 귀로, 코로, 혹은 피부로 느껴지는 낯선 감각들과의 전투는 이슬라마바드에 도착해서도 계속되었다. 그곳에 도착한 시간은 토요일 밤 10시 어간, 어둠은 깔렸지만 사람들은 채 잠들지 않은 그런 시간이었다. 입국 심사를 마치고, 수화물을 찾고 공항 밖으로 나온 순간 ―아, 이제부터가 진짜 나의 전투구나, 싶었다.

이슬라마바드 공항은 항공권이 있는 사람들만 입구를 통과할 수 있다. 지인의 도착을 기다리는 사람들은 공항 출입문 밖에서 그들을 기다리며 맞이할 수밖에 없다. 그러다 보니, 입구에서부터 대략 20m 정도 될 것 같은 주차장까지 통로는 그 좌우가 지인이 도착하길 기다리는 사람들로 가득하다. 더불어 그들의 간절함은 입구를 통과해 나오는 한 사람 한 사람을 유심히 지켜보게 한다. 그리고 나는 그곳을 통과해야 했다.

한 번 더 힘을 내야 했다. 다시 모자를 깊게 눌러쓰고, 시선을 정면에 고정하고, 다리에 힘을 주어 걸었다. '저기까지만 가면 된다.'

마침내 도착했다. 그런데 보여야 할 차도, 마중 나올 사람도 보이지 않았다. '뭐가 잘못됐나?'

나를 못 알아볼 리 없다. 전투복이니까. 그런데 왜 보이지 않는 걸까. 잠시 망설이다가 메시지를 보냈다. 십여 분이 흘렀을까. 필리핀 국적의 참모가 다가왔다. 엉뚱한 곳에서 기다리고 있었단다. 원망할 마음도 들 새 없었다. 그저 찾아주어서, 나를 이 외로운 전투에서 구해주어 고마웠다.

공항에서 한국군 숙소까지는 차로 약 40분 거리. 차창 밖으로 펼쳐진 이슬라마바드의 야경은 고요했다. 불빛은 주로 노란 빛이었다. 어둠 속에서 빛나는 노란 가로등들은 빛깔의 정서와 다르게 서늘했다. 어둠이 차라리 인간적이라 할 만큼 왠지 모르게 음흉하고, 은밀한, 무엇인지 모를 꿍꿍이가 있는 듯 느껴졌다. 그것은 마치 숨죽이고 때를 노리는 야수의 안광 같았다.

그 낯섦과 서늘함이 나를 압도했다. 답답함과 막연함, 알 수 없는 흐릿한 기운이 온몸을 감쌌다. 때 필리핀 참모가 앞으로 필요한 물품이 담긴 봉투를 건넸다. 'Maj. Hyeseon Seok'이라고 적힌 봉투 안에는 각종 서류와 파키스탄 유심이 들어있었다. 오는 월요일부터 일주일간 앞으로 임무 수행에 필요한 것들을 배우게 될 거라 했다. 이런저런 대화 끝에 숙소에 도착했다. 짐 정리할 여력은 남아 있지 않았다. 대충 씻고 침대에 몸을 던졌다.

그리고 다음 날, 나는 12시간 동안 단 한 번도 몸을 움직이지 않았다는 사실을 알았다. 일요일이라는 것이 그토록 다행일 수 없었다.

파키스탄에서 나의 첫날은 그렇게 지나갔다.

*

집을 떠난다는 것은 기꺼이 나의 작아짐을 받아들이겠다는 조용한 결심인지도 모른다. 새로운 질서와 이해 속에서 철저히 이방인이 되더라도, 불현듯 도둑처럼 스며드는 향수를 견뎌야 하고, 내가 믿어온 상식을 의심해야 하는 순간과 마주해야 한다. 그래서 여행조차 언제나 낭만적이지만은 않다. 적어도 내게는 그렇다.

아무래도 나는 그리 유연한 사람은 못 되는가 보다. 그럼에도 그 떠남이 아름다울 수 있다면, 아마도 그 이유는 분명하다. 다시 돌아갈 나의 세계가 단단히 버티고 있다는 확신, 그리고 반드시 그곳으로 돌아갈 것이라는 흔들림 없는 믿음. 그 믿음이 있기에 나는 떠남 앞에서도 고요히 숨을 고른다.

낯선 땅, 이방인 군인의 임무

이곳 임무지에서 나의 일을 정의하자면, 평화유지작전(Peace Keeping Operation)을 수행하는 일원으로서 정전협정 이행 여부를 감시하는 감시자(Observer)다. 이름만 들으면 거창하지만 실상은 다르다. '나는 지금 여기서 무엇을 하고 있는가'하는 의구심과 약간의 허탈함 그리고 흔한 매너리즘의 연속이다. 어느 나라 친구였는지는 기억나지 않지만, 그가 웃으며 했던 말이 떠오른다.

"이렇게 애써도 성과가 없네."

나는 무엇을 위해 이곳에 있는가. 이런 허탈함은 비단 일부의 감정이 아니다. 이 임무단에 두 번째로 온 50대의 크로아티아 친구가 농담 반, 진담 반으로 내게 물었다.

"대체 UN은 내가 뭘 한다고 페이를 주는 거지?"

나는 웃으며 대답했다.

"아마 네 '향수병'과 '시간'에 지불하는 걸 거야."

그 친구는 잠시 생각하더니 고개를 끄덕였다.

"맞는 것 같아. 아니, 네가 맞아."

집을 떠난 군인들에겐 '명분'이 필요하다. 우리가 왜 여기에 있고, 무엇을 이루어야 하는지에 대한 확고한 명분. 그것 없이는 우리는 우리 자신에게도, 그리고 두고 온 가족에게도 떳떳하기가 매우 힘들다. 그런데 이 작전이 꼭 그러했다. 심지어 우리는 '평화를 지지한다'는 제스처로 무기조차 없다. 그 사실이 가끔은 내 정체성마저 희미하게 한다는 생각마저 들게 한다.

나는 군인이다. 생도 가입교 시절, 총은 나의 애인이자 생명이라 배웠다. 그런데 지금 내 곁에는 그 총이 없다. 모호하고 흐릿한 공기 속에서, 나는 자꾸만 스스로에게 묻는다. 나는 왜, 무엇을 위해 이곳에 있는가.

*

카슈미르 LoC(Line of Control, 통제선)에서 근무한 적이 있다는 파키스탄 경호팀의 한 군인과 대화를 나눈 적이 있다. 나는 그에게 물었다.

"카슈미르 분쟁에 대해 너는, 아니면 파키스탄은 어떻게 생각해?"

그러자 그가 대답했다.

"LoC 너머에 억압받는 우리 무슬림 형제들이 있고, 우리는 그들을 해방시켜야 해."

그의 말은 주체와 대상만 다를 뿐, 나에게도 꽤 익숙한 표현이었다. 그래서인지 잠시 섬찟했다. 인도는 어떨까? 아쉽게도 인도 군인과는 이런 대화를 나눌 기회가 없었다. 하지만 언젠가 본 인도 영화 〈Fighter〉(2024)에 그 단서가 있는 듯하다. 파키스탄에 근거지를 두고 파키스탄군의 지원을 받는 테러리스트와 카슈미르에서 치열하게 맞서던 인도 파일럿이 적을 제압하며 이렇게 말한다.

"카슈미르는 우리에게 어머니다. 우리는 변하지 않는 카슈미르의 주인이다."

서로 다른 욕망이 겹쳐진 땅, 그 위에 '평화'라고 불리는 하나의 '현상'이 존재하는 중이다. 상식적으로 떠올리는 '영속적인 평화'의 상태가 아니라 '현상'이다. 우리는 불꽃과 화염이 치열한 전투가 아니라, 차갑고 고요한 긴장 가운데 서 있다. 언젠가 간신히 붙들었던 '평화'라는 현상을 지키는 중이다. 그것이 우리가 있어서 가능한 일이라는 확신은 없지만, 그렇게 믿으려 애쓰고 있다. 그 믿음이 곧 우리의 명분이다.

그러나 세상 모든 일이 그렇듯, 일어날 수도 있었던 비극을 막는 일은 성과로 받아들여지기 어렵다. 특히 물리적으로나 관념적으로나 '전투'라는 행위와 폭력, 아드레날린이 높아지는 상태에 익숙한 군인에게는 더더욱 그렇다.

내 존재의 명분을 지키기에 카슈미르는 너무나 고요하다.

*

비단 카슈미르만 그러할 것인가. 우리네 휴전선도 그렇다. 그리고 한국 군에서의 나의 일 역시 그러하다. 전투복을 입고 무기를 다루지만, 나의 하루는 전쟁영화 속 장면과는 거리가 멀다. '훈련'이라 부르는 시간 속에서 우리는 전쟁과 전투를 흉내 내지만, 그 모든 행위의 목적은 '일어날 수 있었을 비극을 막는 것'에 있다.

군대는 생산 집단이 아니다. 격무에 시달린다고 해서 가시적인 생산물이 만들어지는 조직이 아니다. 우리가 생산해내는 무엇이라는 것을 굳이 이름 붙인다면 '안보'일 것이다. 안전의 보장되고, 편안히 보장되는 상태.

완성된 안보, 완성된 평화에는 전쟁은 없어야 한다. 그러니 어쩌면 우리는 우리가 필요 없는 순간을 위해 존재하는지도 모른다. 나는 이 사실을 허무하면서도 아름답다 느낀다. 그러나 역설적이게도 그것을 위해 전쟁에서 승리가 가능한 상태를 유지해야 한다. 차가운 전쟁은 곧 적의 기도를 차단하고 전쟁을 억제함으로써 평화를 지켜내는 논리이기 때문이다. 전쟁이 필요 없는 순간을 위해 우리는 전쟁을 준비해야 한다. 그래서 군은 사회적 관념에서 생산적이라는 표현과 거리가 멀다. 오히려 소모적이다.

소모적인 이유는 분명하다. 전쟁을 준비하는 데는 인력과 장비, 시설의 유지와 훈련, 수많은 이들의 시간과 노력과 고통이 끊임없이 쓰인다. 그리고 적을 향한 시선을 단 한 번도 거두지 않은 채 버텨낸 빼빽한 밤들은 겉으로 보기엔 고요하지만, 결코 고요할 수 없는 긴장으로 가득 차 있다. 그렇게 맞이한 다음 날 아침, 우리가 우리 일을 제대로 해냈다면 보고서에는 아마 이렇게 적힐 것이다.

'특이사항 없음'

이제 자야 한다는 몸의 신호를 애써 거부하고 온몸과 마음으로 견뎌낸 시간은 결국 그 한 줄로 갈음된 흔적만 남길 뿐이다. 나는 뜨겁고 치열한 전쟁이 남긴 차갑고 고요한 전장에서 이 연약한 평화를 붙드는 중이다. 하루하루를 '특이사항 없음' 한땀 한땀 엮어가는 중이다.

수십 년 이어진 서늘한 낮과 밤의 끝에서, 나는 또 다른 서늘한 낮과 밤을 이어가는 중이다. 때로 쓸쓸하고, 외롭고, 허무함에 자괴감도 들지만, 그게 나의 일이다. 이것이 나의 명분이다.

카슈미르, 조용한 긴장의 땅

 자연의 아름다움만 놓고 본다면 카슈미르는 단언컨대 지구상에서 손꼽히는 곳일 것이다. 마치 신이 빚어놓고, 스스로 심히 흡족해하며 감탄했을 법한 풍경. 저 멀리 만년설이 덮인 능선이 넉넉한 품을 내어주고, 그 안에서 제멋대로 뻗은 산줄기들이 살 만한 땅과 물줄기를 만들어준다. 티끌 하나 허락하지 않는 파란 하늘 아래, 한 번도 본 적 없는 곧고 높은 나무들은 우람하고도 경이롭다. 태고의 신비가 아직 채 가시지 않은 인상의 풍경이지만, 이 땅이 의외로 '어린' 땅이라는 사실은 또 다른 반전이었다. 고국에서 지리학 박사 학위를 받은 동료 헤르보예(Hrvoje)에게 들었다. 이곳은 아직도 매년 몇 센티미터씩 솟아오르고 있고, 그래서 지진이 잦으며, 날카롭게 잘린 듯한 능선이 풍화되지 못한 채 그대로 남아 있다고 했다.
 우리의 주 작전지역은 해발 3000m가 넘는 산악지대다. 사람들이 모여 사는 마을을 벗어나면 곧장 산길로 이어지는데, 대부분 경사가 심한 오르막, 내리막의 연속에 급커브가 빈번한 산길이다. 그 길을 우당 탕탕하며 다니려니 처음엔 전투복 앞주머니에 멀미약을 항상 가지고 다녀야 했다. 그래도 번잡한 마을을 벗어난다는 사실만으로도 마음에 평온을 줬다. 이토록 평화롭고 그저 평화롭고 아름답기만 해야 할 것 같은 이곳이 75년 넘게 분쟁의 땅이었다는 사실은, 인간이 만든 질서, 아니 어쩌면 인간 자체가 '죄'가 아닐까 하는 생각마저 들게 한다.

*

카슈미르를 파키스탄 쪽, 인도 쪽으로 나눈 가상의 선을 Loc(Line of Control, 통제선)라고 부르는데, 내가 그 선을 직접 밟아본 건 인도와의 국경을 도보로 건넜을 때, 그리고 인도-파키스탄 교류를 위해 세운 BCP(Border Crossing Point)를 방문했을 때뿐이었다. 말 그대로 관념적인 선이다. 그 외에는 망원경으로 능선 너머 드문드문 보이는 초소를 바라보며 '이쪽은 파키스탄, 저쪽은 인도'라 가늠할 뿐이다.

우리네 휴전선과는 분위기가 사뭇 다르다. 통제선을 잘 식별하기 어려운 건 근 초소 인근에 민가들도 어우러져 있기 때문이다. 드물지만 매우 사소한 군사적 충돌에 민간인 피해가 발생하는 이유이기도 하다. 해발 3,000m 이상의 높이에 사람들이 집을 짓고 사는 것도 신기하지만, 군부대와 구별이 어려울 만큼 섞여 있다는 사실이 더 놀랍다. 심지어 사는 모습도 평화롭기 그지없다. 가시거리에서 군인들은 서로 총부리를 겨누고 있는데, 아이들은 해맑게 뛰어다니고, 어른들은 소에게 풀을 먹이고 텃밭을 가꾸며 빨래를 널고 있다. 되려 그곳을 묵직한 방탄조끼에 헬멧을 걸치고 다니며 유엔 깃발을 흔들고 망원경으로 이리저리 둘러보는 우리가 이질적이고 생경하게 느껴진다. 우리는 그저 동네 사람들의 신기한 구경거리일 뿐이다. 관측점을 찾는다고 돌아다니다가 엄한 텃밭을 망치지는 않을까 조심조심 걸음을 옮긴다. 잘 보이는 관측점을 찾으러 다니다 보면 때때로는 누군가의 집 지붕 위이기도 하다. 잠시 머뭇거리는 우리에게 곧장 괜찮다며 흔쾌히 지붕을 내어준다.

"서두르지 말고 차 한잔하고 가요."

그들이 권하는 '차이'는 끓인 차에 우유를 넣은 달콤한 밀크티다. 카슈미르에서 커피를 찾기란 어렵다. 차이가 곧 그들의 생활이다. 찻물이 은은한 핑크빛을 띠는 '카슈미리 차이'도 있다. 맛은 비슷하지만 빛깔이 더 곱다. 그 차이를 권한다. 조금 과장해서 지나가며 만나는 집집마다 차이를 권한다. 대부분은 시간을 핑계로 거절하지만, 때때로는 얻어 마시기도 한다. 처음엔 강렬한 단맛에 움찔하다가 조금 익숙해지면 왠지 모르게 다시 생각나는 그런 맛이다.

일반적으로 카슈미르 지역 주민들의 경제 수준은 낮다. 주변 인프라도 빈약해서 생활 모습이 몇십 년 전 사람들의 모습 같다. 그럼에도 우리 같은 이방인을 항상 환영한다. 그들이 기꺼이 내어주는 그 차이가 곧 그 마음이다. 남루한 모습이 좋아 보일 리 없겠지마는 그래도 순박한 그 풍경과 모습을 보노라면 삶이 굳이 그리 복잡하고 버겁고 어려울 필요가 있는가 싶다.

*

가끔 이곳의 군부대를 방문한다. 우리의 임무 중 하나다. 평소 긴밀한 연락 관계를 유지해야 할 뿐 아니라 유사시 서로 협조가 필요한 관계이기 때문에 평소 유대를 형성하는 것이 표면적 이유지만, 부대에 대한 정보를 미리 파악하고자 하는 의도도 있다. 물론 이는 파키스탄 군에만 해당된다. 인도군과는 불가능한 일이다.

부대 방문이 예정된 날이면 아침은 평소보다 조금만 먹는다. 도착하면 으레 이것저것 내어주기 때문이다. 차이는 물론이고 샌드위치며 닭튀김 같은 것들이 티테이블에 놓인다. 심지어 최전방의 작은 소부대에서도 그 환대는 예외가 없었다. 열악한 환경에서도 나누고자 하는 마음은 어김없었다.

군에서 최전방이란 곳은 어디나 비슷한 것일까. 그곳에 배치된 군인들은 하나 같이 열정적이고, 패기 넘치며, 지적이었다. 그야말로 군의 건강한 엘리트들을 만난 듯했다. 내가 카슈미르에서 만날 수 있었던 여러 귀한 경험 중 하나였다.

서로의 속마음은 다를지라도 겉으로는 유쾌하고 친근한 대화가 이어진다. 하지만 그 대화 속에는 보이지 않는 창과 방패의 대결이 숨어 있었다. 그래서일까. 방탄조끼도, 헬멧도, 산속을 헤집는 육체적 소모도 없었지만, 부대 방문을 마치고 돌아오면 유독 피곤했다. 돌아와 보고서를 쓸 때면, 기억나는 것을 하나라도 놓치지 않으려 애써 쥐어짜듯 적어 내려갔다. 그게 얼마나 도움이 됐을지는 모르겠지만.

내게 특히 인상적이었던 건 가축이 주 운송수단이라는 점이었다. 대부분의 부대가 마구간 같은 공간이 있고 그 안에는 노새와 말들을 길러지고 있다. 이 지역의 주 보급수단이다. 신기하기도 하고 낯설기도 했지만, 곧 수긍할 수 있었다. 여기서는 저들이 꼭 맞는 수단이었다. 길이 좁고 험한 탓도 있겠지마는 눈이라도 오면 어쩔 것인가. 오르지도 내려가지도 못할 바퀴 달린 것들에 기대었다간 낭패 보기 십상일 것이다.

그래서 이곳의 군인들은 총을 어깨에 걸고 노새 무리를 이끌며 산길을 오른다. 부대 안에서는 말들이 한가롭게 풀을 뜯고, 멀리서는 노새들이 무거운 짐을 지고 말 탄 군인의 인솔을 받아 부대로 향한다. 발걸음, 그리고 먼지 속에서 묘하게 평화로운 행렬이 이어진다.

*

매번 느끼지만, 카슈미르의 자연은 결코 인간에게 친절하고 따뜻하지 않다. 아름답지만 차갑고, '대자연의 어머니'라는 표현에 고개를 갸웃하게 만든다. 카슈미르는 자연은 딱히 인간에게 어머니가 될 의지는 없어 보인다. 차라리 절벽에 더 가까워 보이는 산을 코앞에서 마주하면 과연 여기에 인간이 기댈 품이 있는가 싶다. 날쌘 원숭이들조차 간신히 기어서 오를법한 모습의 봉우리들이다. 돌로 이루어진 땅에서 흙을 붙들고 선 나무들은 대부분 침엽수이고, 그 곁을 흐르는 물줄기는 주변에 생명을 나누기보다 무심히 흘러가 버릴 뿐이다. 산이 참 크고 높은데, 생명을 풍요롭게 품는지는 알 수 없었다. 산 중턱쯤 올랐을 때, 우리가 탄 차량과 나란히 날던 독수리가 그 날갯짓 한번 없이 커다란 원을 그리며 마을 위 허공으로 날아갔다. 자연을 정복한다는 건 인간의 오만한 망상이라고 말하는 것 같다.

카슈미르를 보고서야 알았다. 우리나라 산이 얼마나 예쁜지. 가장 높은 산도 고작 해발 2,000m 남짓. 으레 숲에서 느끼는 상쾌함은 기꺼이 나눠 주는 계곡의 숨결이었다. 풍성하게 덮은 나무와 물과 흙이 서로 호흡을 나누며 생명을 품고 있다. 완만한 산 모양새는 언제든 와서 쉬고, 놀고, 살라 한다. 넉넉함과 아름다움과 포근함은 '크기'로만 비롯되지 않는가 보다. 압도적인 웅장함이나 경이로운 자태가 아니어도, 그 다정함과 따뜻함이 마냥 좋고 사랑스럽다.

*

그 친절하지 않은 산이 우리의 작전지역이다. 울퉁불퉁하고 꼬불꼬불한 산길의 연속이다. 가끔은 머리 위에 언제 떨어져도 이상하지 않을 듯한 바위 아래로 지나가기도 한다. 마음속으로 '인샬라~'를 외치며 무력하게 신의 너그러움만을 바라야 하는 순간들이다. 어찌저찌해서 도착하면, 이제부터는 도보 이동이다.

관측점은 언제나 차가 닿을 수 없는 높은 봉우리 위에 있다. 파란 헬멧과 방탄조끼를 몸에 걸친다. 정확한 무게를 재본 적은 없지만, 단독군장보다 무겁게 느껴진다. 그걸 입은 채 봉우리를 오르려면 제법 힘이 든다. 숨이 차오르지만, 그렇다고 함부로 헉헉거릴 수는 없다. 주위엔 타국 장교들이 함께 있기 때문이다. 한국군이 약해 보인다는 인상을 주고 싶지 않았다.

편견이 나쁘다고 말은 하지만, 이 조직에서 편견이 얼마나 빠르고 확실하게 작동하는지를 깨닫는 데는 그리 오랜 시간이 걸리지 않았다. 그래서 거친 숨은 티 나지 않게 몰아쉬고, 이 정도쯤은 아무렇지 않다는 듯 발걸음을 옮긴다. 그렇게 하루를 버티고 돌아오면, 복귀한 모두가 각자 방에서 드러눕기 바쁘다. 그래, 종일 방탄조끼가 내 몸에 누워 있었으니 나는 침대에 몸을 좀 누여도 괜찮지 않겠는가.

문제는 방탄조끼의 무게가 아니라 그걸 버티는 나였다. 조끼의 무게는 변하지 않지만, 그걸 걸치는 내가 느끼는 무게는 날마다 달랐다. 전날 운동을 하지 않고 작전에 나서면, 조끼를 들어 올리는 순간부터 이미 힘이 빠졌다. 그래서 운동을 꽤나 열심히 했다. 생도 시절 이후로 처음 아닌가 싶다. 살아내려고, 버티려고, 주위의 소리 없는 비웃음을 듣지 않기 위해서.

그날도 봉우리에 있는 관측점으로 향하던 길이었다. 비교적 멀고 높은 곳이었다. 우리는 셋이 함께였다. 그중 한 명은 투입된 지 얼마 되지 않은 데다 한눈에도 보기에도 신체 활동과는 거리가 있어 보였다. 그래도 설마 하면서 걸음을 옮겼다. 그런데 아니나 다를까 그 친구가 많이 힘들어하며 자꾸 뒤처졌다. 우리는 중간중간 걸음을 멈추고 그를 기다렸다. 그도 적응하는데 시간이 필요할 것이라는 내 말에, 다른 동료는 수긍하면서도 언짢은 표정을 감추지 못했다.

"이런 식으론 같이 일 못 해. 이게 우리 일인데."

그를 기다리면서 동료가 내게 한 말이었다. 아주 객관적이고, 그래서 서늘했다. 그 서늘함이 주는 불편함이 싫어서 깨질 듯한 파란 하늘을 가리켰다.

"저 구름 좀 봐. 얼마나 이뻐…."

내 말을 들은 동료가 웃었다.

"너는 구름을 보고, 저 친구는 저기서 헉헉대고 있네."

나는 대답했다.

"그게 인생이지 뭐. 모두 각자의 고뇌가 있지 않겠어?"

그러나 이건 그저 잠시의 인정일 뿐. 현실은 살벌하다. 조용한 전투다. 평화롭지만 언제나 총성 없는 전쟁 중인 카슈미르처럼.

작전의 조력자, 시큐리티 팀

우리가 지내는 초소들은 미션이 시작된 이래 75년간, 군데군데 손대어 고쳐 지내온 흔적을 고스란히 추적해 낼 수 있을 만큼 오래되고 낡았다. 그리고 그 초소들에는 또 다른 독립건물이 근처에 항상 딸려있다. 콘크리트로 지어져 여름엔 덥고 겨울엔 추울 그곳에는 매일 낮과 밤 우리에게 경계를 제공해주는 시큐리티 팀이다. 파키스탄이든 인도든 육군의 한 개 반, 혹은 분대 단위로 배치시켜 주어 우리와 근거리에서 함께 생활한다. 이들은 주둔지에서 경계를 제공하고, 파키스탄의 경우에는 작전 출동 때까지 함께 이동해 우리를 불의의 상황으로부터 보호하는 역할을 한다. 때때로 우리가 신기해서 몰려와 사진 찍자고 하는 이들도 제지하는 역할도 그들의 몫이다. 가끔 민간인들이 찍은 사진을 본인의 SNS에 게재해 문제가 되는 일들이 발생하기 때문이다.

때문에 그들은 우리의 든든한 동반자이다. 비록 말은 잘 통하지 않지만, 그래도 서로 군인이라, 그리고 내가 한국에서 경험해 온 군 생활도 지금 내 모습보단 오히려 그들 모습에 조금 더 가까웠기에 친근감이 느껴지던 것도 사실이다. 그들이 그나마 내 생활반경 중에 만나는 이들 중 가장 군인 같은 이들이었다. 최소한 총이 있지 않은가. 더부룩한 수염에 크고 짙은 눈동자를 가진 이들이 방탄모에 총까지 갖춘 모습을 보노라면 흠칫 위축감을 느끼지만 대부분 이들은 누구보다 순박하고 성실하다. 으레 처음이 그러하듯, 데면데면하다가도 조금만 다가가면 금방 친해지고 웃을 수 있는 그런 사람들이었다.

보통 팀원은 병사로, 팀장은 우리나라의 중사나 상사 정도의 부사관으로 구성된다. 내가 처음 만난 팀장은 수염이 아주 멋지고 중후한 상사였다. 매번 정중했고 언어 구사력도 좋아서 작전 수행 간 통역 역할을 누구보다 잘 수행 해주었을 뿐만 아니라 모여드는 현지인들을 저지할 때도 매끄럽게 해내는지라 여러모로 프로라고 느끼게 하는 사람이었다. 2주 정도 지나니 농담 정도는 할 수 있을 정도로 친해졌다 싶어 물어보았다.

"병과가 뭐죠? 난 보병입니다."

"포병입니다."

"아! 포병! 포병치고 성격 좋은 사람 없다던데…."

파키스탄에도 통하는 농담이었는지, 그와 팀원들이 한바탕 크게 웃었다. 괜한 농담이었을까 조마조마했던 걱정도 놓고 나도 함께 크게 웃었다.

한 달 정도 그곳에서의 임무를 마치고 떠나던 날이었다. 차에 올라 출발했는데, 부대 울타리를 벗어나기 전, 파키스탄 전통 복장을 입고 서 있던 팀장과 만났다. 매번 보던 전투복이 아니라 사뭇 다른 모습에 잠시 멈칫했지만, 분명히 그였다.

"이야~ 혹시 저 간다고 인사하러 기다린 겁니까?"

그의 대답을 다 들어줄 여유가 없던지라, 나는 재빨리 미리 준비해 둔 한국 기념 코인을 차창 너머로 그의 손에 쥐여준 채 떠났다. 백미러 너머로 이쪽을 바라보는 그가 보였다. 손을 흔들었다. 그도 손을 흔들었다. 국적과 문화의 차이보다 더 선명한 '전우애'였다.

*

그다음 초소로 이동할 때는 해가 막 바뀌던 겨울이었다. 그 전의 초소를 떠나올 때보다 다음 초소에 도착할 즈음 겨울은 더 짙어 있었다. 내가 이 임무단에서 근무한 지 두 달쯤 되었을 무렵이었다. 조금 더 주변에 익숙해져 있었고, 그제야 그동안 보이지 않던 것들이 보이기 시작했다. 이를테면 작전 수행 간 항상 우리와 함께하던 시큐리티 팀이 군 지프에서 추위에 떨고 있었더라는 사실 같은 것들 말이다. 내게는 한국에서 가져온 핫팩이 있었다. 파병 전 지인들이 필요할지 모른다며 한 박스를 챙겨줬었다. 아무래도 나는 쓸 일이 없어 보여 그대로 팀장에게 주었다.

"봉지를 뜯고 팩을 막 흔들면 금세 따뜻해질 겁니다. 하루 정도는 견딜 수 있을 거예요."

손짓과 발짓을 동원해가며 바디 랭귀지로 핫팩 사용법을 알려주었다. 쓰고 난 봉지는 함부로 버리지 말고 꼭 모아 처리하라는 당부도 덧붙였다. 연신 오케이를 외치며 웃는 그들이었지만 잘 사용했는지, 잘 버렸는지 확인할 길은 없었다. 다만 대여섯 명이 한 계절을 나기에 핫팩 한 박스는 충분하지 않았으리라는 마음이 쓰였지만 달리 수가 없었다.

시큐리티 팀원 중 한 명은 '임란(Imran)'이라는 이름의 스물일곱 살 청년이 있었다. 그의 가슴에 쓰인 이름을 보고 전 총리랑 이름이 같다며 아는 척을 한 것이 처음이었다. 임무가 없는 날이면 햇볕 아래서 항상 교범을 읽는 것이 인상적이었는데, 영어도 곧잘 해서 대화하기도 수월해 가끔 이런저런 이야기를 나누곤 했다. 그러던 그가 한 날은 멋쩍은 듯이 와서 내게 뭔가를 보여주려 했다. 따라가 보니 그의 침대였다. 매트리스를 받치고 있는 나무판자가 부러지다 못해 부스러져있었다. 언제부터 이랬냐고 물으니 벌써 두 달이나 됐다고 했다.

내가 초소장이 되어 마주한 첫 번째 문제였다. 왜 그동안 아무런 조치가 없었는지 알아보니, 이들은 파키스탄 군이라 UN 예산으로 처리할 근거가 없었고, 파키스탄군 측에서는 신경 써주지 않은 채 시간만 흐른 모양이었다. 나는 순간 화가 치밀어 올랐다.

"임란! 군인이 몸이 제일 중요한데, 이런 데서 두 달이나 잤다 그러면 어쩌자는 거야?"

평소와 다른 내 표정과 말투에 그가 어쩔 줄 몰라 하는 것 같았다.

"우리 운영비로 처리하자."

내가 말했다.

"해당 사항이 못 되는데?"

동료가 되물었다.

"내 침대가 부러져서 처리했다 하면 되지. 아니, 지금 바꾸자. 그럼 되잖아."

몇 명이 곧장 나가 합판을 이고 들어왔다. 치수를 재고, 재단해 그의 침대에 맞춰 새 판자를 끼웠다. 잘려나간 조각은 그들이 즐겨 하던 보드게임 말판으로 재탄생했다. 감탄할 만한 손재주였다. 그리고 낡은 합판은 그날 저녁 우리 모닥불 장작이 되었고, 그들은 멋쩍게 웃으며 차와 쿠키를 내왔다. 차가운 밤, 따뜻한 모닥불에 달콤한 차의 조합은 더할 수 없이 좋았다.

임란은 꽤나 숫기 없는 청년이지만, 어느 날은 불쑥 한국말로 "감사합니다", "안녕하세요"라고 내뱉고 쑥스러운 듯 종이를 내밀었다. 뭔가 봤더니 한글로 반듯하게 쓴 글씨들이 보였다. 스마트폰을 뒤져 찾아낸 것일 터였다. 덥수룩한 수염을 가진 청년이 귀여워 보이기는 참 오랜만이다 싶었다.

그런 그가 최전방 경계부대 출신이라고 했다. 신체적 강인함과 민

첩성은 물론 때론 '살의'를 요구하는 위치다. 그가 그때 있었던 일이라며 내게 동영상을 하나 보여주었다. 아프가니스탄과의 국경 부근에서 임무 수행할 때 테러리스트들을 제압하던 당시의 영상이었다. 그 영상 속에는 눈이 가려지고 포박당한 채 군인들에게 맞고 있는 사람도 있었고, 이미 내장을 쏟아내며 죽은 사람도 고스란히 생생하게 담겨있었다.

"여기 정말 너도 있었다고? 근데 아무리 테러리스트라도… 이렇게까지 해도 되는 거야?"

이들이 먼저 자신의 동료를 죽였으니 그래도 된다고 말하는 그의 눈은 평소와 다른 살기가 느껴졌다. 이어서 그는 또 다른 검색 화면을 내밀었다. 세계에서 가장 용감한 군인 1위가 파키스탄군이라는 조사 결과였다. 그래, 그렇구나. 나는 세계에서 가장 용감하다고 불리는 군인들과 함께 있었다.

햇살 좋은 날, 임무가 없을 때면 그들은 한데 모여 총기를 손질했다. 슬쩍 다가가니 자리를 내어준다. 덕분에 같이 분해 조립도 해보고 이것저것 묻고 답한다. 총에 대해 해박하지 않은 내 눈에는 그들의 총이나 우리의 총이나 크게 달라 보이지 않았지만, 총기 손질 방법은 인상적이었다. 새끼줄처럼 긴 천을 총구에 밀어 넣고 약실까지 관통하게 한 다음 두 사람이 양 끝을 잡았다가 한쪽으로 당기며 내부를 청소한다. 꽂을대를 총구에 끼워 넣고 총강을 오가며 청소하는 우리네 방법보다 강선이 덜 망가지겠다 싶었다. 보기에는 조금 덜 좋을지언정 한참을 그리하다가 접더니 다시 으레 그들이 즐기던 보드게임 같은 놀이를 하며 나른한 오후를 보냈다.

*

언젠가 만난 팀은 팀원들이 시간이 나면 배구를 했다. 그나마 괜찮은 공터가 있던 초소였던지라 그물망도 설치하고 제법 그럴싸하게 즐길만했는데 문제는 그들의 배구 방식이었다. 그들의 배구는 보통 '한 방' 공격이다. 그러니까 공이 넘어오면 리시브, 토스, 공격으로 이어지는 게 통상적인 배구라면, 이들은 넘어오는 공을 곧장 쳐서 넘겨버린다.

처음에는 흥미로워서 함께 뛰었다. 같이 운동하는 것만큼이나 친해지는 좋은 방법을 찾기도 쉽지 않지 않은가. 아마도 내가 여자다 보니 기대치가 낮았나 보다. 어쩌다 공을 받아내고 다시 쳐 넘기기만 해도, 그들은 신기하다는 듯 "오!" 하고 탄성을 내뱉었다. 나도 덩달아 으쓱해졌다. 그러나 점점 가속도가 붙어서 공격해오는 공을 받아치노라면, 여지없이 팔뚝에 통증과 멍이 남기 마련이었다. 다음 날도 같이 농구하자는 그들에게 팔뚝을 보여주며 "아파, 아파!"라고 말하면, 그들도 무슨 말인지 알아들었는지 킥킥 웃으며 돌아갔다.

결국 배구는 일주일에 한 번만 하자는 합의가 내려졌다. 스포츠가 대게 그러하듯, 자연스럽게 경쟁으로 이어지고 종종 격앙되기도 한다. '뭣이 그리 중한지' 가끔은 각 편의 주 공격수들의 언성이 높아진다.

"이거 그냥 게임이야. 싸우자고 하는 거 아니잖아. 그만, 그만!"

분이 덜 풀렸는지 씩씩거리며 돌아가는 뒷모습들을 보고 있자니 피식 웃음이 났다. 다들 애 둘, 셋씩 있는 아버지이고 군 생활 15년을 넘게 한 베테랑들도 머리통만 한 공이 주는 희로애락 앞에서는 무력해지는 모양이었다.

저 멀리 카슈미르의 산 너머로 붉은 해가 저물고 있었다. 하루의 끝, 웃음과 작은 언쟁이 뒤섞인 채 고요한 풍경 속에 스며들었다.

다름 속에서 더욱 빛나는 우리

"진짜 예쁘다."

UN Military Observer Conference, 유엔 평화유지군 옵저버들의 컨퍼런스. 흩어져 있던 모든 옵저버들이 모이는 마지막 날 저녁 파티에서 외국 동료들이 내게 건넨 말이었다. 물론 내가 아니라 정확히는 내가 입은 한복을 두고 한 칭찬이었다. 파병 경험이 있는 선배가 내가 떠나기 전, 경험 많은 선배가 조언해주었다.

"갈 때 행사용 정장 한 벌 정도는 꼭 챙겨가야 해."

남편도 인정한 '패션 센스 제로'인 나는 도무지 나에게 어울릴 정장을 고를 자신이 없었다. 그래서 차라리 한복을 가져가기로 했다. 덕분에 우리나라 전통도 소개할 겸, 내 부족한 패션 감각도 감출 겸, 개량 한복 정도면 적당하겠다 싶어서 인터넷으로 저렴하고 무난한 것을 골라 주문해 가져왔다.

대부분 인사치레였겠지만 그래도 예쁘다는 말을 들으니 한껏 기분이 좋았다. 루마니아 여군은 이게 원피스냐며 저고리를 들춰보기도 했다. 이거 투피스라니까 신기해하면서 자기도 사서 입고 싶은데 사이즈가 안 맞을 것 같더란다. 나는 치마가 큰 조각을 두르는 형태라 어떤 체형이든 입을 수 있다고 말해주었다. 그녀는 또 한 번 놀라워했고, 그 순간 내 어깨도 저절로 으쓱해졌다. 행사에는 미션의 지휘관, 투스타 내외도 오셔서 연신 "Beautiful"을 외쳤는데, 내 노리개를 보고 이건 무슨 의미냐 물었다. 워낙 밋밋한 디자인이었던지라 포인트라도 주고자 달았을 뿐이었다. 어떤 의미가 있다고 생각해 본 적이 없었다. 그저 장식일 뿐이라고 대답했지만, 혹시나 어떤 의미가 있는지 모르겠다.

*

"나는 이런 전통 의상이 없어."

어느 날, 크로아티아 동료와 이야기를 나누다 지난 파티에서 내가 입었던 한복 얘기가 나왔다. 그러던 중 그가 불쑥 이렇게 말했다. '전통 의상이 없다고?' 순간 고개가 갸웃해졌다.

그는 설명해 주었다.

"내 조상은 체코에서 크로아티아로 넘어왔어. 물론 몇 세대에 걸쳐 크로아티아에서 살아왔지. 하지만 그렇다고 내 뿌리가 달라지지는 않아. 그렇다고 내가 체코 전통을 따를 수는 없잖아? 크로아티아에는 분명 전통 의상이 있긴 해. 그런데 지역마다 달라. 내가 어느 지역 옷을 입으면 그 지역 사람들이 나를 오해할 거야. 뭐, 그렇다는 거지."

그러면서 그 친구가 보여준 크로아티아는 정말 지역별로 다양한 형태의 전통 복장을 가지고 있었다. 심지어 어떤 섬은 그 섬 만의 의상을 가지고 있었다. 그러고 보니 파키스탄도 비슷했다. UNMO 컨퍼런스 기간의 'Cultural Awareness' 강의 시간에 들었던 내용이 떠올랐다. 파키스탄은 크게 네 지역으로 나누어져 있고, 지역마다 음식부터 전통, 옷, 심지어 언어까지 모두 다르단다. 좋게 말해 다양하다. 사람은 누구나 자기 관점으로 세상을 바라보고 이해한다 그랬던가. 그때까지만 해도 나는 그 '다름'이 그저 우리나라에서 지역별 음식이 다른 정도, 방언 때문에 조금 다른 정도로만 이해했었다. 하지만 파키스탄에서 마주한 현실은 달랐다. 말이 다르면 글도 다르고, 그래서 서로 소통할 수 있는 수단 자체가 다르다는 사실.

어느 초소에서 만난 파키스탄 군인이 도통 영어를 못해 현지 군인과 이야기하게 하니 그 또한 알아듣지 못하는 눈치였다. 자기 언어는 '신디'라고 했다. 호기심에 구글 번역기를 찾아보니 진짜 '신디어'라는 게 존재했다. 그 번역기를 통해 이야기하니 그제서야 알아들었다. 뒤늦게 알게 된 사실이지만, 파키스탄의 공용어는 '우르두어'다. 그러나 막상 그 언어를 쓰는 사람은 전체 인구의 40% 남짓에 불과했다.

그러나 이게 결코 특이한 현상이 아니었다. '나라'가 아니라 '지역'마다 고수하는 것이 다른 현상 말이다. 인도도 그랬다. 이동 중 우연히 만난 인도 여군 장교가 웃으며 이야기했다.

"인도에는 '7마일마다 다른 언어를 쓴다'는 말이 있어요."

언어가 이토록 다양하다면 다른 것들은 오죽하겠는가. 인도의 공용어가 힌디어라지만 실제로 사용하는 비율은 40% 남짓. 그 외 14개의 공용어가 존재하고, 영어가 상용어로 쓰인다. 하나의 언어로 소통이 되지 않다 보니 영어를 공용어로 쓴다는 나라들이 떠올랐다. 인도뿐 아니라 여러 아프리카 국가들, 그리고 필리핀이 그러하다 했다. 그 말을 들으며, 같은 언어를 쓴다는 이유만으로 같은 나라 사람이라는 개념이 결코 어디에서나 통용되는 것은 아니라는 사실을 새삼 깨달았다. 그러나 언어는 그저 뜻을 전달하는 그 이상 아니던가. 모국어라는 말도 있는데, 심지어 영어로도 '마더 텅(Mother tongue)'이라고 한다. 내 모국어로만 표현될 수 있는 감상과 오묘한 정서, 지식과 관념들을 같은 사람에게조차 오롯이 전달하기 어려운 현상을 나는 상상조차 해본 적이 없었다.

그뿐이랴. 민족과 종교도 있다. 드러나는 피부색이 말하는 '다름'이 있다. 우리가 단일민족은 아니라는 것은 이제 비교적 일반적인 사실이 되었지만, 그렇다고 해서 우리가 서로 다른 존재라고 인식하지는 않지 않은가. 하지만 'ㅇㅇ인', 'ㅇㅇ족' 등 서로 다른 민족임을 일컫는 말들이 어찌나 많은지 그저 놀라울 뿐이다. 종교는 이미 그 다름의 힘을 역사적으로 증명해왔다. 종교의 다름이 인도와 파키스탄을 나누던 주된 이유도 되지 않았던가.

오히려 이런 민족과 종교로 인한 분열이 없는 우리나라가 특별하다 느껴질 정도다. 한 나라라면 같은 민족으로 이루어져야 하고, 종교로 인한 분열도 없어야 한다는 것은 누군가에겐 이상일지도 모르겠다는 생각마저 들었다. 그리고 그것이 우리 대한민국이다. 우리가 언제 같은 핏줄을 나눈 우리라는 것을 의심해 본 적이 있던가. 종교가 핏줄 위의 가치에 군림한 적이 있던가. 그런 우리가 이념 갈등으로 분단된 사실은 가슴 아프지만, 적어도 '대한민국'이라는 이름 아래에서 우린 '우리'이지 않은가. 그걸 당연하다 여겨왔는데, 그건 결코 당연하지 않았다. 귀하고 특별하다. 그것이야말로 우리 힘의 토대이고, 가슴을 두근거리게 하는 원천이며, 때로는 아련한 향수의 뿌리다.

*

누구나의 관념 속에서 '국적'이란 곧 그 나라 사람들의 태도를 대변한다. 흔히 '국민성'이라 부르는 것 말이다. 그것이 분명히 어떤 직관적인 이미지들로 구성되는 것은 분명하다. 범주화가 일어나고, 그로 인해 고정관념이 생겨나며, 때로는 그 고정관념이 편견으로 이어지기도 한다. 물론 고정관념과 편견은 부정적인 결과를 낳지만, 대상을 범주화하는 행위 자체는 인간 사고의 본능적인 방식 가운데 하나다. 심리학과 교수 시절, 생도들에게 그렇게 가르치곤 했다. 그렇기에 몇 마디로 국민성을 단정 짓는 것은 위험하지만, 다른 현상을 통해 그들의 태도를 어렴풋이 가늠할 수는 있다. 나에게는 그것이 '도로'였다.

차를 타고 인도와 파키스탄의 도로를 다니는 것은 극악할 정도로 험난한 일이다. 제대로 된 차선도 보이지 않을뿐더러, 한눈에 봐도 차 두어대나 겨우 지날 수 있을 것 같은 넓이의 도로에 아무렇지도 않게 세 대, 네 대가 끼어서는 그들에게나 보이는 듯한 그의 길을 찾아 태연하게 간다. 길가에 늘어서 주차된 차들이나 갑작스러운 유턴 등에 통행이 어려운 모습은 예삿일이다. 덕분에 이곳에 있는 1년 동안 클락션 울리는 소리를 들은 횟수가 지금까지 내 삶을 통틀어, 어쩌면 앞으로의 내 삶에서 들을 횟수를 전부 더한 것보다 더 많이 들었을 것이다. 1년 내내 파키스탄과 인도를 통틀어 신호등과 횡단보도를 목격한 적이 손에 꼽을 정도다. 혹시 내가 시골만 다녀서 그런 것일까 싶었지만 꽤 큰 도시를 거쳐 갈 때도 상황이 크게 달라 보이지는 않았다.

"신호체계가 있고 교통법규 지키는 건 델리서나 볼 수 있어요."

인도군 드라이버가 웃으며 이야기했다. 우리나라의 30배 크기의 나라에서 그나마 제대로 된 교통 시스템을 만날 수 있는 곳이 고작 그 나라의 수도뿐이란다. 물론 이 한 가지 사실만으로 그들의 국민성을 함부로 단정할 수는 없다. 그러나 문득, 전국 어디를 가더라도 신호등과 횡단보도만 지키면 안전하게 도로를 걷고 달릴 수 있는 우리나라가 떠올랐다. 당연하게 여기던 그 질서와 배려가 그 순간에는 더없이 사랑스럽고 자랑스럽게 느껴졌다.

2

그리움과 배움의 시간

정답을 찾는 아이, 정답을 의심하는 엄마

17시 PST, 매일의 그리움

초소장의 시간, 친구가 된 군인

작은 꿈을 지닌 아이들, 카슈미르의 교실

부르카 소녀의 질문, 종교와 두려움 사이에서

정답을 찾는 아이, 정답을 의심하는 엄마

"오히려 파병 가면 배우자랑 이야기를 더 많이 하게 될 거야."
어느 날 선배 장교가 웃으며 내게 해준 말이었다. 놀랍게도 실제로 그러했다. 일상의 마무리는 몇 번의 예외를 제외하면 언제나 가족과의 통화였다. 오늘은 무슨 일이 있었는지, 밥은 먹었는지 같은 소소한 이야기들이지만, 우습게도 오롯이 서로에게 집중하는 마음은 함께 살 때보다 훨씬 짙었다.

그렇게 여느 때처럼 통화하던 날이었다. 초등학교 2학년인 큰아이가 전화 카메라 너머로 숙제라며 종이를 들이밀었다. 초등학교 2학년 아이가 받은 과제는 '존경하는 위인에 대해 쓰기'. 질문은 이랬다.
'그 위인에 대해 알게 되고 난 나의 느낌은 어떤가요?'
아이의 답은 이순신 장군이었다.
"그래? 왜 이순신 장군을 꼽았어?"
"멋있어서요."
"그래? 어떤 모습이 멋있었는데?"
"음…."

한동안 생각을 하는 것인지, 건성인지 모를 듯한 표정으로 있던 아이는 대답했다.

"일본군을 물리쳤잖아요."

"맞아. 이순신 장군이 일본군을 물리친 이야기를 들은 거 있어?"

"음…."

다시 같은 표정을 짓더니 대답했다.

"거북선이요."

"맞아. 거북선으로 싸우셨어. 12척의 배로 백 척이 넘는 배를 물리치셨지."

옆에서 듣던 남편이 거들었다.

"그러니까, 준이 반 아이들이 다른 학교 친구들 전체와 싸워서 이긴 거랑 같은 거야."

"에이. 말도 안 돼요. 우리 반 아이들은 12명이 아닌데요? 스물몇 명인데요?"

"말이 그렇다는 거지."

남편은 살짝 짜증이 나는 듯했다. 분명 나와 통화하기 전 남편도 아이와 이야기를 나눴던 터라 그랬을 것이다.

"진짜야 준아. 상상해봐. 12척으로 열 배가 넘는 배들과 싸워서 이긴 거야. 이 이야기를 들었을 때 준이는 어떤 느낌이 들었어?"

"글쎄요…. 잘 모르겠어요."

여전히 아이의 표정은 생각하는 것인지, 관심이 없는 것인지 알 수 없었다. 굳이 꼽자면 후자 같았다.

"준아. 여기엔 정답이 없어. 어떤 답이 맞고 나머지는 틀린 그런 게 아니야. 엄마와 아빠가 해준 이순신 장군 이야기를 듣고 준이가 느끼고 생각한 것들을 다른 사람들도 알 수 있게 적으면 되는 거야."

"아! 알았어요. 정확히 알았어요."

그러다 마침 남편에게 전화가 와 통화를 마쳤다. 그러면서 뿌듯했다. 나는 아이가 생각하게 할 수 있는 엄마라는 자부심이 생기던 터였다. 그리고 정확히 30분 후에 남편에게서 메시지가 왔다.

'준이는 내용을 듣고 답을 찾는 게 아니라 답을 알려주길 바랐던 것 같아. 그래서 교육하고 좀 울렸어.'

그 30분 동안 부자간 어떤 대화가 오갔는지 알 길은 없지만 내 갓 솟아난 자부심이 바사삭 부서진 것만큼은 확실했다. 그리고 기왕 울었다면 아이 마음속에 진짜로 느끼는 무언가가 남기를 바랄 뿐이었다. 그런데 무언가는 무엇일까. 스스로 답을 찾아야 한다는 사실일까?

함께 책과 티비를 볼 기회가 많지는 않았지만, 그럴 때면 재잘재잘 본인 이야기를 줄 곧 하던 아이였다. 로봇 조립할 때는 시키지 않아도 첫 번째 순서부터 마지막까지 빈틈없이 내게 설명하는 아이였다. 혹시라도 하나를 건너뛴 것 같으면 굳이 돌아가 다시 짚곤 하던 아이였다.

맞고 틀린 것, 같고 다른 것을 구별하는 게 습관처럼 몸에 밴 아이. 그래서였을까. '느낌을 적어보라'는 이 질문조차 어딘가에 정답이 있다고 여기지 않았을까. 그리고 그 정답을 놓칠까 두려워 엄마 아빠에게 집요하게 물어보려 했던 건 아닐까.

그리고 나는 스스로에게 묻는다. 그럼 나는, '정답이 없다'는 질문에 정말 자유롭게 내 생각과 느낌을 이야기할 수 있는가? 아니, 정말 자유롭게 생각하고 느낄 수 있는 사람인가? 내 아홉 살 시절은 저 아이와 크게 달랐을까? 그 시절의 세상과 지금의 세상은 '정답이 없다'고 하는 질문에 '정답이 없는 답'을 기꺼이 받아들일 만큼 너그러울까? 진짜로, 정답이 없는 게 맞는 걸까.

*

정답은 있다. '나라'라는 공동체의 존재, 그리고 그것을 지탱하는 교육의 힘이 그 증거다. 같은 정답을 공유할 수 있어야 나라가 유지되고, 그 정답을 존속시키게 하는 방법이 교육이지 않겠는가. 정답이 없는 세상은 존 레논의 노래 〈Imagine〉 속에서나 존재할 것이다. 그것도 긍정적인 모습으로 구현되었을 때에나. 그러니 제목도 '상상'이지 않은가. 정답은 있다. 다만 누구에게나 같은 정답은 아닐 뿐이다. 정답이라 불리는 것들이 모두 진실일 수도, 혹은 진실의 모든 면을 아우르지는 못하겠지만 방향을 제공하는 것만큼은 확실하다.

그렇기에 전쟁과 분쟁도 끝나지 않는 것 아닐까. 각자의 정답이 명분이 되고 그 명분이 갈등의 양분이 되어서 말이다.

나의 잣대로 타자를 함부로 판단해서는 안 된다는 금언은 수없이 들어왔지만, 여전히 현실은 어렵다. 이 카슈미르에서 대치하고 있는 인도와 파키스탄의 갈등도 시작은 종교라던데, 정작 인도령 카슈미르에 사는 힌두교도와 무슬림 사이에는 뚜렷한 종교 갈등 없이 비교적 평화롭다. 반면 파키스탄은 카슈미르의 무슬림 형제들을 해방시켜야 한다며 강한 의지를 보인다. 우리와 비슷한 시기에 분단을 겪었으면서도, 통일에 대한 동기가 점점 약해지는 우리와 달리, 종교적 연대가 혈육보다 더 강력한 동기처럼 보일 때도 있다. 또 다른 한편에서는 카슈미르인들 가운데 인도도, 파키스탄도 아닌 독립을 외치는 목소리도 있다. 파키스탄 남부의 발루치스탄주 역시 자신들만의 나라를 꿈꾼다. 그들 또한 무슬림이다. 파키스탄도 무슬림 국가인데 말이다.

인도 역시 다르지 않다. 곳곳에서 테러가 일어나고, 그 원인 중 하나는 시크교도의 독립 요구라고 한다. 그리고 현 정부는 그들의 요구를 강력하게 거부하는 것 같다. 몇 주 전에는 시크교도의 정치적 지도자가 밴쿠버 외곽에서 살해당했다고 한다. 그 파문이 지금 캐나다와 인도의 정치적 갈등으로까지 번지고 있다. 참으로 복잡하다. 그들의 정답을 이루는 역사적, 정치적, 종교적 맥락을 모른다면, 나는 이 현상의 윤곽조차 그리기 어렵다. '진리는 어쩌면 생각보다 단순할지도 모른다'는 내 믿음을 흔들어놓곤 한다.

그러나 정답이 정말 '진짜 정답'이라면, 나에게도 너에게도 동일한 답이어야 하지 않을까. 그렇다면 갈등의 이유가 사라지지 않겠는가? 결국 지금 우리가 붙잡는 정답의 품격이 낮아지는 순간이다. 진짜 정답이 아니기에 갈등하고, 내 정답을 네게 강요하려니 싸우는 것 아니겠는가. 전쟁에 대한 정의가 '자신의 의지'를 타인에게 강요하는 국가 간의, 혹은 그에 준하는 조직들 간의 폭력행위라고 했다. 그렇다면 우리가 말하는 정답은 곧 '의지'의 다른 이름일지도 모른다. 객관적인 의미의 정답과 꽤나 멀어진.

최소한 여기서는 그렇게 보인다. 그리고 그 정답의 수가 많을수록, 그 정답의 폭이 좁을수록 다툼은 빈번하고 격렬해지는 것 같다. 예컨대, '오직 무엇만이 옳다', '반드시 이래야만 한다'와 같은 그런 짙고 센 표현이 붙는 정답들 말이다.

그러나 그게 비단 나라 간의 분쟁에만 해당될 일인가. 작지만 소중한 나와 우리네의 삶 속에서도 똑같이 일어난다. 내 삶에 함께 딸려오는 정답의 수가 많아질수록, 또 그것들이 점점 더 좁아질수록, 그 정답들은 다닥다닥 달라붙어 내 온몸과 마음을 옥죄어 온다. '꼭 이래야만 한다', '절대 이러면 안 된다', '반드시 이것만은 지켜야 한다'식의 규칙들이 덧붙을 때면, 나는 순식간에 벼랑 끝에 몰려 까치발로 겨우 버티고 있는 듯한 기분마저 느낀다.

그러니 나의 아이야. 우리 너무 많은 정답을 짊어지고 살지 말자.

세상은 끝없는 정답을 요구하겠지만, 거기에 매몰되지 말자. 우리의 정답이 균열되는 순간을 두려워하지 말자. 혹시 알아? 그 순간이 우리를 어쩌면 조금 더 진리에 가까운 순간으로 인도할지, 그리고 그렇게 가까워진 진리는 어쩌면 우리가 생각했던 것보다 단순하고 너그러울지도 모르니.

17시 PST, 매일의 그리움

PST는 Pakistan Standard Time(파키스탄 표준시)의 약자다. 이곳에서 파키스탄에서 일과를 마치고 리포트를 작성하곤 하던 그 시간에 한국에 있는 나의 가족들은 저녁을 먹고, 씻고, 잠자리에 들기 전, 서로가 서로를 떠올리기 딱 적절한 시간이다. 한국을 떠날 때 하루에 한 번은 통화하고 싶다고 남편에게 이야기했다. 아직 어린 아이들인지라 얼굴 보며 할 수 있는 통화의 수단은 남편의 휴대폰이 전부였다. 그리하여 남편의 협조가 절실한 조건이었다. 그리고 그 시간은 한국 시각으로 밤 9시가 적당하다고, 미션에 합류한 이후 이곳에서의 하루 사이클이 어떻게 흘러가는지 어느 정도 감 잡은 시점에 남편과 합의했다. 아니, 통보였다. 이때 까지만 해도 통화의 주도권이 나에게 있는 줄 알았다. 떠나온 사람이 남겨진 사람을 그리워하기보다, 떠나보낸 사람을 남겨진 사람들이 그리워하는 게 더 클 줄 알았다. 그리고 그것이 내 큰 착각이었음을 깨닫는 데는 몇 달 걸리지 않았다.

처음에는 아이들도 신기해하며 반겼다. 카메라를 코앞에 들이밀고는 하고 외쳐대던 아이들이었다.

"엄마다!"

"엄마야?"

"엄마 어디야?"

"엄마 언제 와? 보고 싶어."

그러나 시간이 흐르자 그 반가움은 점점 옅어졌다.

"엄마 안녕?"

"엄마, 왜 전화했어요?"

"엄마, 나 게임해야 하니까 끊어요~"

가끔 남편이 저녁 약속이 있거나 일 때문에 지쳤을 법한 남편이 아이들과 외식이라도 하는 날이면 그날 통화는 없다. 집에 돌아와 청소며 밀린 설거지며 빨래에 아이들 씻기는 등 일과들을 해치우고 제시간에 아이들을 재우는 일이 얼마나 부잡스럽고 버거운지 알기에 나까지 그 일과에 끼어들기란 꽤나 뻔뻔스러운 일임을 잘 알고 있다. 꼭 그런 일들이 아니어도, 때로는 내가 없는 시간이 그들에게 필요하기도 한 모양이다. 그런 날들이 제법 있었다. 물론 나도 때로는 현지 통신 사정이 좋지 않아서, 때로는 야간까지 이어진 활동 때문에, 때로는 동료들과 시간을 보내느라 몇 번 통화를 못 한 적이 있었다. 어떤 상황이든 변치 않는 사실은 언제나 안달 나는 쪽은 바로 '나'라는 것이다.

"차라리 그게 좋지. 매일 아이들이 엄마 보고 싶다고 울고불고하는 걸 상상해봐. 좋겠어?"

항상 나만 가족이 그리운 것 같고 막상 가족은 내가 그립지 않은가 보다는 내 푸념에 아르헨티나에서 온 미혼의 동료가 건넨 위로였다. 그 말이 옳다 여겨 고개를 끄덕이면서도 마음 한구석의 허전함은 어쩔 수 없었다. 그래서 나는 다짐했다. 조금 서운해도, 아주 조금만 서운한 걸로. 그리고 그렇게 아이들이 엄마를 크게 그리워하지 않도록 잘 돌봐주는 배우자에게 고마워하기로.

그러나 고마움과 사랑의 크기만큼 내 상실감도 함께 커진다. 내가 인정하는 그 고마운 만큼 이 외로움은 그들에게 인정받지 못하는 현상이다. 그것을 우리가 '외로움'이라고 부르는 것일 테다. 사랑은 거래가 아니라고 하지만 그렇다고 해서 인간적인 서운함을 느끼지 않을 이유가 사라지는 것은 아니지 않은가. 혹은 내가 아직 덜 어른이어서일까.

*

"그 30분을 차이를 두고 시간을 따로 쓰는 거야? 그냥 같이 쓰면 안 되는 거였어?"

인도에 관심이 많은 내 지인 언니와 오랜만에 연락이 닿았다. 인도와 파키스탄의 시간 차이가 30분이라는 내 말에 언니가 웃으며 한 말이었다.

"그러게나 말이에요. 진짜 사이가 안 좋긴 안 좋은가 봐요. 그죠?"

그때까지만 해도 나는 네팔은 인도와 15분 차이가 나는 시간을 쓴다는 사실을 모를 때였다. 휴가를 맞아 에베레스트를 보겠다며 네팔로 떠난 동료가 이야기해 준 덕분에 알았다.

인도와 파키스탄의 시간은 단 30분 차이가 난다. 그러니 17H PST라면, 곧 17:30H IST(Indian Standard Time)다. 미션에서는 본부가 파키스탄에 있기 때문인지 모든 상황 보고를 파키스탄 시각에 맞춰 보고한다. 그래서 인도에서 근무하다 보면, 시간 차이로 헷갈리는 일이 종종 발생한다. 그 때문에 인도에 있는 소초에는 예외 없이 두 개의 시계가 걸려있다. 하나는 인도의 시간, 다른 하나는 파키스탄의 시간을 가리키는 시계다.

그리고 내 손목에 또 다른 시간이 얹혀 있다. 파병 전 기념으로 받은 합참의장을 상징하는 별 네 개가 박힌 손목시계는 한국 시각에 맞춰져 있다. 지난 일 년간 단 한 번도 현지 시각에 맞춰진 적 없이 고스란히 한국의 시간을 가리킨다. 시계를 보면서 가늠해보곤 한다. 지금은 점심시간, 이맘때쯤이면 남편이 퇴근할 시간, 그리고 아이들 하원 하느라 남편이 분주할 시간, 그리고 지금쯤 저녁 먹겠지?

이 모든 시간 지나면 17:00H PST. 그래서 전화를 걸어보면 예상했던 풍경들이 벌어져 더욱 애틋하다. 때때로는 그 애틋함을 간직하고 싶어 영상통화 중에 화면을 캡처해둔다. 배우자와 아이들의 눈빛이 그대로 박제된다. 잠 못 드는 밤. 그 사진들을 넘겨보곤 한다.

통화가 끝나면 오롯이 나 혼자(혼자만의) 시간이다. 잠들기에는 많이 이른 초저녁이다. 동료들과 식사를 하고, 운동하며 시간을 보내다 잠들곤 한다. 그러나 그마저도 동료들이 있을 때 이야기다. 인도에서의 임무 수행은 주로 혼자다. 인도에서는 작전지역을 돌아다닐 수 있는 자유가 없다. UN에 대한 인식과 태도에 파키스탄과 인도의 온도 차가 있다. 라디오 송수신이 전부인 인도에서는 주로 혼자다. 그 흔한 동료와의 식사도 귀하다. 군부대 울타리 밖에 초소가 위치한지라 군부대 체육관 이용도 그저 그동안 누려왔던 호사였음을 새삼 알게 될 뿐이다. 시간은 초저녁이건만 나를 둘러싼 공기는 늦은 밤 적막함과 다르지 않다.

언젠가는 잠들지 못하는 밤도 있다. 02:00H PST. 한국 시각으로는 새벽 6시. 남편이 출근 준비하며 아이들 아침 준비하느라 먼저 눈 떠 있을 법한 시간이다. 나는 전화를 건다.

"벌써 일어났어?"

"아니, 못 잤어."

"왜? 무슨 일 있어?"

"그냥, 잠이 안 와서."

시차가 가끔은 이런 선물을 준다. 한국에서라면 새벽까지 잠 못 이루거나 자다 깼을 때, 오직 적막한 어둠만이 온몸을 짓누르던 시간이 여기서는 배우자와 이야기를 나눌 수 있는 특별한 순간으로 바꿔는 것이다.

이 글을 쓰는 순간 마침 남편에게서 전화가 걸려왔다. 한국은 밤 10시가 막 넘은 시각. 오늘은 바쁜가 보다 하고 포기하려던 찰나였다. 전화기 너머로 들려온 풍경은 다름 아닌 맥주와 삼겹살. 두 아들이 할머니 집에 가겠다고 졸라대는 바람에 데려다주고는 오랜만에 혼술을 즐기고 있는 모양이었다. 전화는 반갑지만 전화기 너머 풍경은 내게 고역이었다.

"저번에 사둔 고기가 남아있는데, 그냥 두려니까 곧 상하겠다 싶은 거야. 그래서 어쩔 수 없이…."

"먹고 싶다…. 나도 배고프잖아."

"아~ 괜찮아. 이제 일곱 점 밖에 안 남았어."

남편이 맥주도 한잔 시원하게 들이키더니 맥주가 으레 목구멍에 남기고 오는 커다란 공기도 시원하게 내뱉는다. 그래도 혼술에 배우자를 찾는 게 어딘가 싶어 더 이상 보채지 않고 남편의 먹방을 감상한다. 그러다 문득, 나는 혼자서 고기를 구우며 술 한잔할 수 있을 만큼 그리 정성스러울 수 있을까 싶어서 감탄해본다. 언제인지 모르게 남편의 먹방이 끝나고도 이런저런 이야기들을 한다. 아이들 이야기부터 직장 이야기, 세상 이야기, 나의 귀국 후 이야기까지 하다 보니 어느새 한 시간 반이 훌쩍 넘어버렸다.

"엇! 나 내일 일찍 출근해야 하는데, 얼른 자야겠다."

"그래?"

"벌써 열두 시야."

이곳은 아직 저녁 9시가 채 되지 않았지만, 한국은 그렇다. 항상 10시 전후에 잠드는 사람인지라 이 정도면 오늘 무리한 셈이다.

"그러네? 미안. 얼른 자."

내일은 후배와 저녁 약속이 있다고 했다. 아마 내일 우리는 통화를 하지 못할 것이다. 그래도 어쩔 수 없이 17:00H PST가 되면 나는 또 은근히 전화를 기대할 것이다. 그리고 전화가 오지 않으면, 저녁을 먹고 씻고 잠자리에 들 준비를 하고 있겠구나 짐작하며 조금은 아쉬워하겠지.

나의 초저녁은 이렇게 매일 기대와 기쁨, 그리고 작은 아쉬움으로 이어진다. 그렇게 하루하루 보내고, 또 그렇게 하루하루 그들에게 가까워져 간다.

초소장의 시간, 친구가 된 군인

스테판(Stjepan), 그는 내 초소장이었다. 하얀 피부와 서늘하게 빛나는 큰 갈색 눈동자, 다부진 체격에 말끔히 밀어버린 머리. 첫인상부터 전형적인 군인의 단단함이 풍겼다. 사실 그는 원래 축구선수를 꿈꿨지만, 다리 부상으로 그 길을 포기하고 군인의 길을 선택했다고 했다. 일반 병사에서 장교로 군 생활을 계속했는데, 포병으로 시작한 지라 보병을 하고 싶었지만, 장교가 되어서도 줄곧 포병으로 계속 근무할 수밖에 없었다는 게 그의 이야기였다.

말투는 늘 억세고 투박했다. 처음엔 그의 나라 억양 탓인가 싶었는데, 유독 억센 말투로 유명했던 걸 보면 그 친구만의 독특함이었을 것이다. 함께 근무하는 파키스탄 운전병과 조리병들을 호되게 쥐잡듯 잡아댄다며 악명이 높았다. 사소한 것 하나 그냥 넘어가는 법이 없었다. 확인하고, 지적하고, 다시 다그치고. 덕분에 그 친구와 함께 있으면 주변의 군기만큼은 확실히 잡혀 있었다. 후에 내가 인도 쪽 소초로 갔을 때 이미 그가 나보다 먼저 와 있었는데, 동료 중 한 명이 내게 웃으며 말했다.

"걘 늘 누구하고든 싸워."

그 말이 농담 같으면서도 묘하게 안심이 되었다. 적어도 그와 함께라면 현지 군인들과의 관계나 자잘한 문제로 크게 고민할 일은 없으리라는 뜻일 테니까.

그와 내가 처음 함께 근무한 것은 한 달 남짓이었다. 나는 소위 말해 '신참'이었고 그는 소초장이었다. 임무 지도와 평가 권한이 그에게 있었으니 내 모든 움직임을 그가 쥐고 있었다. 내가 뭐만 하려고 하면 꼬치꼬치 참견하고 간섭하는 게 여간 거슬리는 것이 아니었다. 그럴 때면 속으로 중얼거렸다. '그래봤자 나랑 한 달 차이일 뿐이면서….' 마치 나를 못 잡아먹어 안달인 양 굴었다.

*

때로는 괜히 시비를 거는 것 같았다. 어느 날은 뜬금없이 한국군의 주 개인화기 구경이 어떤 거냐고 물었다. 5.56mm와 7.62mm라고 답하자, 그는 곧장 되물었다.

"7.62mm 구경의 길이는?"

순간 무슨 소리인가 싶어 그냥 7.62mm라고 하니까, 어떻게 그게 한 종류일 수 있냐며, 총의 'ㅊ'자도 모르는 애송이 취급을 하는 것 같았다. 대꾸할 말이 떠오르지 않는 걸 보니, 정말 내가 무지한 탓일지도 몰랐다. 답답한 마음에 돌아와 다른 파병지의 장교들에게 단체 메시지를 보냈다.

"선배, 그거 무시하시면 됩니다. 개들이 독립전쟁 때 소련제 무기를 쓰다가 최근에 나토체제로 바뀌면서 7.62mm 총탄 구경이 두 가지라 그래요. 우리가 쓰는 건 7.62×51mm 나토 탄이고, 개들이 유고슬라비아 시절부터 쓰던 7.62×39mm도 아직 쓰고 있어서 그래요. 짜식들 시비 걸 거면 좀 걸 만한 걸로 걸어야지!"

그제야 알았다. '아, 그래. 무식이 죄다. 몰라서 이런 비루한 공격에 자존심 다치는 거구나.' 어쨌거나 이런저런 일들이 나를 계속 괴롭히는 듯했다. 적어도 그땐 그렇게 느껴졌다. 덕분에 함께 작전 나가면 그렇게 고역일 수가 없었다. 무전기 한번 잡으려고만 해도 사사건건 간섭하는 통에 여간 긴장하지 않을 수 없었다. 더구나 길 찾기나 장비 다루기에 도통 자신이 없던 나인지라 유독 힘들었다. 하지만 그 고역 덕분에 작전 출동 하루 전 꼼꼼하게 지도를 연구하는 습관이 생겼다.

그럼에도 불구하고, 비슷비슷하게 생긴 산봉우리들이 끝없이 이어지고 뚜렷한 지형지물조차 드문 이곳에서 정확한 관측점을 찾아내는 건 언제나 내게 큰 도전이었다. 맞는 곳인가 싶다가도 망원경을 통해 비치는 풍경이 도무지 기존 자료와 맞지 않을 때는 당황스러울 수밖에 없었다. 그 모습을 아마 이 친구가 바라보고 있었으리라.

안개가 꽤 짙던 어느 날이었다. 그날도 우여곡절 끝에 관측점에 다다라 관측 지점을 향해 망원경을 설치하던 차였다. 망원경 초점이 완전히 어긋나 있었다. 안개 때문에 먼 거리는 보이지 않아 가까운 지점을 겨누고 초점을 맞추러 조정간을 이리저리 움직이던 차였다. 그때 바위에 앉아서 먼 곳을 보던 그가 대뜸 소리쳤다.

"지금 안개 때문에 아무 소용 없어. 기다려야 해. 대체 뭐 하는 거야?"

"망원경 초점이 완전히 나갔어. 그래서 맞추는 중이야."

"안개 때문에 어차피 안 보이는 거 몰라?"

"알아. 그러니까 가까운데 보고 맞추는 중이잖아. 초점이 나갔다니까! 평소랑 달라."

"야. 너 보병이라며. 거기서 뭐 했길래 아무것도 모르냐?"

거기에 또 나는 주눅 든 목소리로 대답했다.

"대대 S3와 S4. 최근에는 사관학교서 교수."

"교수? 그래서 그런 거야? 너 현장 경험 없지?"

그 당시엔 당최 뭐라 대답해야 할지 모르고 그저 머릿속이 하얘졌다. 괜스레 치부를 들킨 것 같다는 민망함에 압도되어있을 뿐이었다. 차라리 뻔뻔하기라도 했으면…. 그렇지도 못했다. 그 감정에서 벗어나는 데 조금 시간이 필요했다. 아마 작전 끝내고 돌아온 저녁이었을 것이다. 그날 일기에 이렇게 적혀있었다.

> 소심하지만 뒤끝 있는 나는 '한 번 더 그러면' 하고 시나리오를 써본다.

지난번에 나한테 7.62mm 뭐 쓰냐 했지? 너희는 두 종류라며? 우리 한 종류라 그런 질문은 낯설다. 마치 PZF-3 사수에게 수십 년 전 도태된 M72LAW를 묻는 격이지.

이런 구닥다리 망원경을 다룰 사람은 한국 보병에도 많지 않아. 우리 사단도 2개 부대가 최전방에 있었지만 벙커 안에서 줌 인아웃 하면서 감시했어. 굳이 이런 거 쓸 필요가 없다 이거야.

너 내가 보병서 뭐 했냐고 했지? 우리 부대가 도시지역작전 특화 부대라, 너 영화에서 본 그 작전들 계획 세우고 훈련시키고 평가하는 게 내 일이었어. 그리고 심리학 교수까지 하다 왔어. 더 궁금한 거 있어?

9개월쯤 지난 이 시점에 그때를 되돌아보니, 왜 그토록 주눅 들어 있었는지 모르겠다. 조금만 시간 지나서 익숙해지면 다 할 수 있는 것들인데. 그때 그게 능숙하지 못했다고 해서 주눅들 것도 없었고, 현장 경험이 적다고 해서 작아질 필요도 없었는데 말이다. 나는 그저 그동안 내게 주어진 일들을 열심히 해내 왔는데, 그때는 왜 부끄러워했을까 싶다. 모르면 배우면 될 일이었는데 말이다.

하지만 내 그때 주된 바람은 이러했다.

'딱 한 번만 내게 너의 부족한 모습을 들켜주라. 나도 똑같이 해줄 테다.'

그런 순간들은 생각보다 자주, 그리고 사소하게 찾아왔다. 문제라면 늘 내가 반격할 준비가 되지 않은 상태에서 맞닥뜨렸다는 것이었다. 스테판은 판단과 결심의 속도가 남달리 빨랐다. 그 빠름은 장점이기도 했지만, 때때로 작은 정보를 놓쳐 엉뚱한 방향으로 이어질 뻔한 순간을 만들기도 했다. 언젠가 그가 무언가를 하려고 할 때 나는 종종 용기를 내어 말했다.

"스테판, 봐봐. 여기 이렇게 쓰여 있잖아. 그럼 그렇게 하면 안 될 것 같은데?"

"어. 그러네! 니가 맞아!"

하고 바로 수정해버린다. 판단의 속도 만큼이나 수긍의 속도도 빠른 그였다. 내게 남은 건 저항 없는 안도와 뿌듯함뿐이었다.

어느 날은 그가 보고서 초안을 내게 건네주었다. 자기는 영어로 듣고 말하는 건 자신 있지만, 쓰는 건 자신이 없단다. 그러니 내가 초안을 보고 고쳐줬으면 한단다. 얼핏 보아도 정말 말 그대로 엉망이었다. 복잡한 내용이 아님에도 문법이 엉망이었다. 본인이 스스로 부족하다고 도와달라는데 내가 덧붙일 말이 뭐가 있겠나. 본인의 모국어도 아닌 언어로 어쩌면 지금 아니면 다시 쓸 일도 없을 텐데 굳이 힘들게 붙잡을 필요는 없었다. 그래서 말없이 고쳐 보내주었다. 그래서 나는 그렇게 복수의 기회를 여러 번 놓쳤다.

빡빡한 그보다는 상대적으로 친절했던 내가 파키스탄 드라이버들과 더 친한 건 당연했다. 그도 그것을 알고 있었을 것이다. 아마 그는 들과의 관계가 어색했던 모양이다. 하루는 나에게 꽤나 격식 있는 종이 한 장을 내밀었다. 같이 임무를 수행하던 파키스탄 드라이버가 소초를 떠날 때면 감사의 의미로 감사장을 준다. 그런데 이번에는 그 감사장을 내 손에 쥐여주었다. 즉, 나보고 주라는 의미였다.
"네가 줘야지. 너 초소장이잖아."
내가 그렇게 말하자 그는 멋쩍게 웃으며 말했다.
"난 좀 자신이 없어."
이게 진심인지 농담인지 알 수 없었지만, 그저 그에게 받아서 고맙다는 인사와 함께 드라이버에게 건네주었다.
한 달여 간 함께 있던 그가 소초를 떠나는 전날 저녁이었다. 평소보다 멋지게 차려진 저녁을 모두 함께했다. 함께였지만 여전히 낯선 타인으로 앉아 있기에 어색할 수밖에 없는 자리인지라, 나는 나름대로 분위기를 띄워보려 노력했다. 파키스탄 드라이버들에게 농담을 건넸고, 다행히 그들도 함께 웃고 받아줘 덕분에 화기애애할 수 있었다. 그 모습을 보던 스테판이 내가 술 먹으면 어떨까 궁금하단다. 그러면서 나보고 시간이 지나니 말도 많아지고 농담도 해서 이전보다 훨씬 좋단다. 처음에는 내가 너무 위축되고 조용했는데, 아마 낯설어서 그랬던 것 같다고도 했다. 물론 그 말이 맞을지도 모른다. 다만 그 이유 중 하나가 바로 본인 때문이었다는 생각은 정작 하지 못한 듯했다.

그날은 2023년 12월, 파키스탄의 겨울. 한 해의 마지막 날 저녁이었다. 차가운 공기 속에서도 식탁 위에는 묘한 따뜻함이 번지고 있었다.

*

스테판을 다시 만난 건 2024년 8월, 인도의 '푼치'라는 곳이었다. 파키스탄에서 인도로 이동하려면 차로 이틀에 걸쳐 하루 8시간씩 달려야 한다. 그렇게 차에서 시달릴 대로 시달린 후에 도착하니, 스테판이 반갑게 맞아주었다. 짐 정리는커녕 옷도 갈아입지 못한 내게 다짜고짜 맥주를 권했다. 혼자서는 마시기 싫었다는 그가 고팠던 것이 술이었는지, 오랜만에 만난 동료였는지 알 수 없었다. 그렇게 8개월 만에 다시 만났다. 그런데 다시 만난 그는 어딘지 모르게 조금 달라져 있었다. 아마 고국으로 복귀가 가까워져서였을까. 푼치는 그의 1년여 파병 생활의 마지막 소초였다.

그러나 그곳에 도착하자마자 나는 시련이라기에는 거창한, 하지만 결코 작지 않은 문제를 만났다. UN 계약 조건이 바뀌면서 무려 20여 년을 요리해주던 요리사가 떠난단다. 대신해서 새로운 요리사가 왔는데, 영어도 거의 통하지 않고 요리도 할 줄 모르는 것 같았다. 본인에게 3일만 가르쳐달란다. 그래서 같이 주방에 종일 붙어 있다시피 했는데, 하긴 하겠다만 조금 꽤씸하지 않은가 싶은 마음이 들었다. 그때 스테판이 말했다.

"컴플레인을 한번 하는 게 어때? 소통도 안 되고 요리도 못하면 여기서 일하는 다른 옵저버들 생활이 어떻게 되겠어? 그나마 지금 초반이니까 가능하지, 조금 지나면 불만 있어도 목소리 내기 어려울 거야."

그 말에 수긍하면서도 망설였다. 금방 교체될 것 같지도 않고, 설령 교체된다 해도 더 나아질 거란 보장도 없었기 때문이다.

"그럼 그땐 그냥 기존 요리사를 다시 보내 달라 해야지."

그의 단호한 말에 반신반의하면서도 최대한 정중하게 본부에 메일을 보냈다. 그리고 이틀 뒤, 새 인원을 보내주겠다는 회신이 왔다. 그리고 그날 밤 나는 악몽을 꾸었다. 같은 모습은 아니었지만, 그 요리사를 떠올리게 하는 사람이 웃고 울고 있었다. 나는 신발도 신지 못한 채 어딘가를 가다가 잠에서 깼다. 딱히 슬프지도 무섭지도 않았지만 내겐 분명 악몽이었다. 깨어난 뒤에도 여전히 짙은 죄책감과 미안함을 감출 수 없어 스테판에게 털어놓았다.

"나 어제 악몽 꿨어. 그 새 요리사 말이야. 세 아이의 아빠라던데, 나 때문에 가족 부양할 길을 잃은 거면 어떻게 해?"

"알아. 그게 제일 힘든 일 중에 하나지. 하지만 어떻게 해. 언제든 너는 결심이라는 걸 해야 하잖아. 여기서뿐 아니라 네가 한국으로 돌아가도 마찬가지일 거야. 모두를 위해 내려야 하는 결정이라면, 결국 해야 하지 않겠어?"

그렇게 두 번째 요리사가 왔다. 다행히 영어도 통했고, 요리도 곧잘 하는 것 같았다. 스테판이 미소 지으며 말했다.

"잘했어."

새 요리사의 근무시간은 오전 9시부터 오후 2시다. 그동안 점심을 준비하고, 건물 이곳저곳을 청소한 뒤 돌아갔다. 간혹 운이 좋으면 저녁도 미리 부탁할 수 있었지만 대개는 우리가 직접 해결해야 했고, 나와 스테판이 번갈아 준비했다. 요리에 별다른 재주가 없는 내가 부엌에 선다고 하자, 통화 중이던 남편이 웃으며 말했다.

"이런, 모두들 미안…!"

닭과 감자가 주재료. 매운 음식을 못 먹는 스테판 때문에 열심히 검색하며 이런저런 요리를 시도했다. 때로는 꽤 그럴듯하다 싶어 기대하며 물어보곤 했다.

"맛이 어때?"

그러면 돌아오는 대답은 늘 같았다.

"괜찮아. 난 뭐든 먹을 수 있어."

실망스러운 마음에 다른 동료에게 말하자, 그는 웃으며 말했다.

"걔한테 너무 많은 걸 기대하지 마."

시간은 흐르고, 이번에도 먼저 떠나는 건 스테판이었다. 파병을 마치고 복귀하기 위해 파키스탄으로 가서 몇몇 행정절차를 마치고 고국으로 돌아갈 차례였다. 마지막 저녁이라 마음을 담아 스파게티를 만들었는데, 아무리 아량을 베풀어도 이건 도저히 먹을 만한 맛이 아니었다. 그래도 어쩔 수 없었다. 그가 꾸역꾸역 먹는 모습을 보며 조심스레 물었다.

"맛이 어때?"

그는 태연하게 대답했다.

"상관없어. 난 다 잘 먹어. 양이 너무 많은 게 문제네."

그러더니 끝내 남김없이 다 먹어버렸다.

그 일화를 동료에게 말했더니, 그는 배를 잡고 한참을 웃다가 이렇게 말했다.

"봤지? 그리고 이제 알겠지? 걔가 얼마나 노력했는지. 그리고 그건 네가 좋다는 뜻이야."

다음 날 이른 아침, 떠나는 그를 배웅했다. 작별 인사로 포옹하더니, 양 볼 옆으로 소리를 내며 입맞춤을 건넸다.

"우리나라에선 이렇게 인사해."

"알아."

나는 짧게 답했지만, 그의 이런 인사는 처음이었다.

작은 꿈을 지닌 아이들, 카슈미르의 교실

"너희는 커서 뭐가 될래?"
"선생님이 될래요."
"군인이 될래요."

카슈미르의 아이들에게 물으면 돌아오는 대답은 거의 늘 이 두 가지였다. 영어로 소통이 어려워 구글 번역기를 돌려다가 얻은 우루드어 한 문장을 들고 보여주며 간신히 물었다. 문득 나의 어머니가 들려주던 기억이 겹쳐졌다. 50~60년대 그 시절 아이들의 장래희망도 대부분 같았다고 했다. 당시에는 장래희망이 대부분 여자아이들은 선생님, 남자아이들은 군인이었다고. 그리고 2024년, 멀리 떨어진 카슈미르 지역 아이들이 그러하다.

*

지역 정찰을 나가는 이유는 단순히 지역 정보를 얻기 위함만은 아니다. UN의 존재를 드러내고 그 자체로 정치적 의미를 남기기 위한 목적도 있다. 특히 정보 획득을 위해서는 의사소통이 필수적인데, 그나마 영어로 소통할 수 있는 이들을 가장 쉽게 만날 수 있는 곳은 학교였다. 그러다 보니 학교를 자주 다녔는데, 그 학교라는 공간이 내가 가지고 있는 이미지와는 사뭇 달랐다.

전기와 수도 공급이 불안정하다 보니, 건물은 있어도 속은 텅 비어있었다. 실상은 밖에 나와 나란히 모여 앉은 아이들이 햇볕에 의존해 선생님과 자기 앞에 펼쳐진 너덜너덜한 책을 바라보고 있었다. 책상뿐 아니라 칠판조차 변변히 갖춰있지도 못했다. 그래서 물어보았다.

"너는 커서 무엇이 되고 싶니?"

우리는 흔히 어려운 상황에서도 꺾이지 않는 의지로 공부해 성공하겠다는 이야기들을 기대한다. 그러나 그건 이곳 아이들의 현실이라기보다 마치 동화 속에서나 찾을 수 있는 희망담 같았다. 지금이 우리 부모님 세대가 어린 시절을 보내던 1950~60년대였다면 몰라도 2024년의 이곳에서 마주한 현실은 더 고단하고 씁쓸했다.

이 아이들은 자신들이 어떤 상황 속에 있는지 이미 알고 있다. 그래서일까, 그런 현실 속에서도 꿈을 이야기한다는 것 자체가 얼마나 기특한 일인지 모른다. 선생님이 되고 싶다던 아이, 군인이 되고 싶다던 아이…. 그 소박한 꿈들이 부디 꼭 이루어지기를. 적어도 허무하게 스쳐 지나가 사라져버리는 바람 같은 것이 되지 않기를 간절히 바란다.

*

우리나라로 치면 중학생쯤 되는 여자아이들은 BTS를 무척 좋아했다. 시간이 과거 어딘가에서 멈춰버린 듯한 이곳 풍경과는 너무나 이질적이지 않은가. 덕분에 "KOREA에서 왔다"고 말할 때면 나도 모르게 어깨가 으쓱해졌다. 이들에게 한국은 매우 매력적인 나라였다. 한국을 좋아한다고 수줍게 고백하는 친구를 보며 새삼 국력의 소중함과 조국에 감사함을 느꼈다. 한국인이라는 사실이 자랑스러운 시대를 살고 있다는 것이 참 다행이고, 또 행운이라 느껴졌다.

언젠가는 여학교로 정찰 나갔다가 그곳의 학생들에게 이끌려 다니는 바람에 정신이 쏙 빠질 뻔한 경험도 있었다. 정찰을 나가면 우리를 신기해하는 현지 주민들에게 으레 둘러싸이곤 하는데, 그날도 마찬가지로 내 주위로 히잡을 둘러쓴 여학생들이 순식간에 몰려들었다.

10대는 세계 어느 곳이나 비슷하다는 것이 새삼스러웠다. 수줍어하다가도 곧잘 꺄르르 웃고, 혹은 저 기둥 근처 어딘가에 숨어서 몰래 지켜보다가 들켰다 싶으면 호다닥 도망가기도 한다. 호기심으로 가득한 눈빛은 나를 긴장시키기도 했지만, 동시에 내 어린 시절을 떠올리게 하기도 했다.

그러던 중 교장쯤 되는 분과 차담을 나누고 있는데, 문밖에서 몇몇 학생이 조심스레 손짓을 했다. 나더러 나오라는 신호였다. 잠시 망설이자 동료가 나가보라고 등을 떠밀었다. 학생들은 사진을 찍자고 했다. 쑥스러운 내 손을 잡아 이리저리 이끌던 소녀는 해맑으면서도 당찼다. 곧이어 알게 되었는데, 그녀의 장래희망은 군인이라고 했다. 그 말을 듣는 순간, 나도 모르게 반가운 마음에 손을 내밀어 악수했다. 소녀는 이내 나를 전교생이 모여있는 곳으로 데려갔다. 한낮 햇볕 아래 백여 명의 학생들이 삼삼오오 모여있었다.

그리고 순식간에 소녀들이 몰려들었다. 파란색과 분홍색 히잡은 그들의 학년을 구분해 주는 색깔이라 했다. 지구 저편의 10대 소녀들, 그들의 기억과 삶 속에 예고도 없이 불쑥 들어온 내가 있었다. 그 순간은 오랜 기다림도, 특별한 준비도 필요하지 않았다. 단 몇 장의 사진으로도 영원히 박제될 시간이었다. 나 역시 한때 10대였던 그 기억이 얼마나 강렬한지 알기에…. 조심스러운 나와는 달리 그들은 내 옛 모습처럼 거리낌이 없었다.

같이 있던 동료가 사진을 보더니 외쳤다.

"Very nice picture!!"

부르카 소녀의 질문,
종교와 두려움 사이에서

작전을 마치고 돌아오던 길이었다. 크게 다를 것 없던 아주 평범한 날이었고, 여느 때처럼 약간의 피로감을 느낄 뿐이었다. 그리고 여느 때처럼 도로변의 어느 채소 가게 앞에 멈춰 내렸다. 소초로 복귀하는 길에 우리는 무언가를 사 가려던 중이었다. 파키스탄군에서 받는 부식은 여러 나라에서 온 이들의 입맛을 충족시키기에는 많이 부족했기 때문이다. 태국 친구들은 열심히 여기저기 살피며 고르고 있었고, 나는 그 옆에서 그들과 나를 신기하게 바라보는 채소 가게 주인과 가볍게 인사를 나누던 중이었다.

"어디서 왔어요?"

어느새 내 옆에 바싹 다가와 나를 쳐다보며 부르카를 쓴 소녀가 물었다. 다짜고짜 질문부터 하는 게 이제는 딱히 낯설지도 않은 차였지만 그날은, 그리고 그 소녀는 뭔가 조금 달랐다.

"나는 한국에서 왔어."

"어느 나라가 더 좋아요? 파키스탄이에요, 아니면 한국이에요?"

나는 내 귀를 의심하고, 그 소녀를 쳐다보았다. 체구는 작았지만 그리 어린 나이로 보이지도 않았다. 우리나라 초등학생 고학년 혹은 중학생 정도였던 것 같다. 어쩌면 고등학생, 혹은 대학생일 수도 있었다. 작고 왜소한 그들의 체형 탓에 그들의 나이를 가늠하기 어려웠다. 분명한 건 영어 발음으로 추측건대 영어에 대한 이해가 적어서 할 수 있는 말이 몇 가지 되지 않아 하는 질문 같지는 않았다.

다시 그 소녀를 바라보았다. 검은 부르카로 머리부터 발끝까지 감싼 그녀는 그저 반짝이는 두 눈만 보일 뿐이었다. 크고 깊고 짙은 빛깔의 눈동자가 유독 서늘하게 보였다.

"음… 내 생각엔 두 나라 모두 아름다운 것 같아."

내가 조심스레 답했을 때, 소녀는 다시 물었다.

"하지만 선택할 수 있잖아요. 어느 쪽이 더 아름다운지, 말해줘요."

생각해보니 이 소녀는 한 무리의 또래들과 함께 있던 친구였다. 차도를 가로질러 애써 나에게 와서 이렇게 질문하는 중이었다. 그러니까 이걸 내게 물어보려고 일부러 차도를 가로질러 왔다는 것이다. 정확한 이유는 알 수 없었지만 괜스레 섬뜩함을 느꼈다. 괜히 부르카 속에 무엇인가 숨겨져 있을지도 모른다는 불길한 상상까지 스쳐 갔다. 소녀의 눈동자가 파리하게 빛나고 있다는 환영이 스치려던 차였다.

"어느 나라든 다 자기만의 아름다움이 있단다. 파키스탄도 멋지고 한국도 멋져. 달라서 그런 거니까 뭐가 더 낫다거나 못하다고는 할 수 없어. 나는 그렇게 생각해."

최대한 중립적으로, 다소 '정치적'으로 대답을 마무리하고 마침 계산이 끝난 동료들과 서둘러 그곳을 벗어났다. 그리고 그 정체를 알 수 없는 섬찟함과 근원을 알 수 없는 공포감은 쉽게 가시지 않았고, 그 여운은 오래도록 나를 붙잡아 그 소녀를 떠올리게 했다.

대부분의 또래 소녀들은 그저 멀리서 신기한 듯 바라보거나, 용기를 낸 몇몇이 다가와 "어디서 왔느냐", "사진을 같이 찍어도 되느냐" 하고 수줍게 물을 뿐이었다. 하지만 그 소녀는 달랐다. 흔한 인사도 없었고 사진도 필요로 하지 않았다. 그녀가 원한 건 오직 '대답'이었고, 그것도 끈질기게 대답을 요구하는 것이었다.

*

언젠가 루마니아에서 온 동료가 자신의 경험을 이야기해 줬을 때, 나는 또다시 그 소녀를 떠올렸다. 그의 이야기는 어느 20대 청년과의 만남이었다. 그들도 작전 수행 중이었다. 정보 수집 차 어느 마을에 가서 마주친 주민들과 이런저런 이야기 중이었단다. 자신을 어느 공장의 부공장장이라고 소개한 청년은 스물 대여섯 살 정도였단다. 그러더니 난데없이 이스라엘과 팔레스타인 분쟁에 대해 묻더란다. 우리가 한창 임무를 수행하던 2024년은 그 분쟁이 연일 뉴스에 오르내리던 시기였다.

우리는 정치적 의견을 피력할 수 없다. 더욱이 이스라엘 팔레스타인 분쟁은 파키스탄이 공유하는 종교와 관련된 사안이기에 더더욱이 그렇다. 그도 꽤나 집요하게 대답을 요구해서 동료들도 우리의 위치와 임무만 간단히 설명하고는 그 자리를 뜰 수밖에 없었다고 한다. 동료가 말한 'Uncomfortable(불편한)'이라는 단어가, 그 상황을 가장 정확히 표현할 수 있는 단어라고 했다.

아마도 나는 그 소녀에게서 종교가 가진 무게를 더욱 뚜렷하게 느꼈던 것 같다. 종교는 대체 무엇이기에 사람들을 갈라놓고, 서로를 경계하게 만들며, 때로는 폭력조차 정당화하는가. 가장 종교적인 상징물인 '부르카'를 온전히 두른 소녀. 그녀에게 그것은 신성하고 완전함의 표식이었을지 모르지만, 내게는 알 수 없는 괴리와 설명할 수 없는 공포로 다가왔다. 내가 느낀 섬찟함이 여기서 비롯되지 않았는가 싶다.

"어느 나라가 더 좋아요?"

그녀가 내게 던진 질문의 진짜 의도는 무엇이었을까? 이곳 파키스탄, 신을 경배하며 자연 속에서 순종적으로 살아가는 그들의 삶이 더 아름답다고 말해주길 바랐던 걸까? 아니면, 조금 겸손하게 '그래도 내가 태어나고 자란 한국이 내게는 더 낫다'는 대답을 기대했던 것일까? 혹은 그때 그녀가 말한 '나라'는 사실 한국과 파키스탄이 아니라, 인도와 파키스탄, 혹은 이스라엘과 팔레스타인을 가리킨 것이었을까? 아직도 모르겠지만 나는 여전히 그때를 생각하면 오싹하다. 괜스레 골이 서늘해진다. 왜 내가 이런 느낌을 가져야 하는지 모르겠지만, 이름도 모를 그녀의 삶과 행복을 멀리서 응원해본다.

*

지금도 여전히 이스라엘과 팔레스타인의 분쟁은 한창이다. 인간의 맹목적인 믿음에서 비롯되었다는 점에서는 같지만, 대상이 다르다는 이유로 러시아-우크라이나 전쟁은 여기서 잠시 논외로 두려 한다. 언젠가부터는 관련 뉴스도 보지 않고 있다. 끔찍한 폭력들이 신의 이름으로 정당화되는 모습의 연속이다. 관념 속의 신이 현실 속의 살아 있는 인간의 삶을 파괴하는 모습을 나는 목도하기가 너무나 괴롭다. 한편으로는 묻고 싶다. 이것이 진정으로 그대들의 신이 원하는 모습인지. 그대의 신은 대체 어떤 신이기에 그 손으로 창조했다는 인간을 응당 파괴할 만큼 무자비하고 편협하며 폭력적일 수 있는지. 그대들은 과연 '신'의 이름으로 파괴를 자행할 자격이 있는지 말이다. 물론 이는 내가 이 분쟁에 대한 배경 지식이 얕아서 생긴 편견일 수도 있다.

기본적으로 나는 우리가 '종교'라고 부르는 믿음은 본질적으로 선하다고 믿는다. 이슬람은 전 세계에서 가장 많은 신자를 가진 종교 중 하나다. 그런 데에는 그만한 이유가 있다고 믿는다. 비록 나는 무슬림이 아니지만 그들의 종교는 진실과 매력이 있기에 많은 신자들이 있다고 생각한다. 그리고 우리가 종교라고 부르는 믿음이 선하다는 믿음은 우리나라 사람들 대부분이 공유하는 것 같다. 적어도 우리는 폭력적인 종교 갈등은 없지 않은가? 서로 다른 믿음과 종교를 가진 이들이 평화롭게 어우러져 삶을 영위한다. 그게 그 증거라고 본다. 그리고 밖으로 나와 보니 알았다. 우리처럼 종교 갈등이 적은 나라가 생각보다 많지 않다는 사실 말이다. 나의 나라, 내 조국이 사랑스러운 이유가 또 하나 생겼다.

– 3 –

역사와 풍경의 만남

파키스탄의 안개, 비, 인샬라

무굴제국과 라호르

파키스탄의 다른 얼굴, 길깃

등산을 사랑하는 이들의 성지, 스카루드

파키스탄의 안개, 비, 인샬라

나는 파키스탄에 겨울이 있으리라곤 전혀 생각하지 못했다. 파병을 앞두고 임무단 동기가 "겨울옷 꼭 챙겨가라"던 말을 들었을 때도 반신반의했지만, 막상 이곳에서 겨울을 맞으며 알게 되었다. 파키스탄에도 겨울이 있었다. 물론 우리와는 조금 다른 겨울이었다.

우리의 겨울이 매섭고 날카롭다면, 파키스탄의 겨울은 은근하다는 표현이 적절할 것 같다. 물론 지역마다 차이가 크다는 점은 감안해야 한다. 북쪽 산악지방의 겨울은 상상조차 하기 어려울 만큼 혹독하다고 한다. 내가 머물던 곳은 파키스탄에서도 비교적 따뜻한 지역이었고, 최저 기온이 고작 영하 1도 남짓이었다. 한국에서라면 온화한 겨울 날씨로 여겨질 법한 기온이었다. 그러나 이곳의 추위는 결이 달랐다. 아마도 습도 때문일 것이다.

이곳의 겨울은 습도가 높다. 정확하게 어떤 이유인지는 모르겠다. 잦은 비 때문이 아닐까 싶기도 하다. 어쨌거나 높은 습도는 추위를 바람처럼 스쳐 지나가게 하지 않고, 마치 몸으로 스며들게 한다. 뼛속까지 시리다는 말이 이런 뜻이 아닐까 싶다. 어떤 옷차림이 적절할 것인지 내 경험으로는 막연했다. 두꺼운 파카를 입기는 애매했고, 덕분에 오랜만에 '내복'이라는 것을 꺼내 입어야 했다.

하지만 그 어떤 옷보다도 따뜻한 건 모닥불 앞이었다. 그래서인지 파키스탄의 겨울은 매캐한 불 냄새로 주변이 가득 차 있다. 이른 새벽이나 해가 막 지려는 저녁이면 어김없이 피워대는 모닥불로 주변이 뿌옇다. 안개도 짙다. 그 지독한 안개는 가끔 비행기 운항을 취소시키기도 한다. 그래서 겨울에 작전 나갈 때는 안개가 걷히는 시간까지 기다려야 했다. 급한 마음에 조금이라도 시야가 확보되면 출발하기도 하지만 줄어든 가시거리를 의식하며 평소보다 더 주의를 기울여야 했다.

하지만 그렇게 마을 길을지나 산에 진입하고 중턱에 이르면 평소 보기 힘든 장관을 맞이하게 된다. 시야를 가리던 안개가 어느 순간 마법처럼 사라져버린다. 우리는 안개를 뚫고 그 위에 있게 되기 때문이다. 안개가 어느 두 세계를 위와 아래로 갈라놓은 듯한 느낌마저 든다. 지상에서 보이지 않던 태양도 안개 위에서는 말갛게 빛을 내뿜는다. 저기 내가 모르는 곳에 무슨 일이라도 있냐는 듯 천연덕스럽고 새초롬해 보이기까지 한다. 안개 아래는 그저 사사롭고 가소로운 인간의 세상일 뿐이다. 눈 앞에 펼쳐진 광경은 이성을 멎게 한다. 잔잔한 바다처럼 깔린 안개는 우주의 한 조각처럼 느껴진다. 신비롭다는 말로는 부족하다. 우리는 그 형용하기 어려운 풍경을 가로질러 달린다. 오전 10시 어간까지 우리가 만날 수 있는 카슈미르의 모습이었다.

밤이 되면 안개는 다시 스며든다. 사실은 어디까지가 연기이고 어디부터가 안개인지 알 수 없다. 다만 어둠이 깔린 밤에도 안개가 선명히 보인다. 어두운 밤에 안개는 밝았다. 검은빛과 섞여 회색이 되는 게 아니라 묘하게 빛을 머금은 흰 안개다. 안개가 깔린 밤은 신비롭고, 몽롱하고, 의뭉스럽고 스산하다. 안개에 섞인 추위가 스며든다. 알게 모르게 젖어 드는 추위다.

*

작전을 나갔다가 비를 만난 적이 있었다. 그저 가벼운 이슬비라 신경 쓰지 않았다. 챙겨야 할 장비가 많아 우의나 우산은 거추장스럽게 느껴졌기 때문이다. 그러나 덕분에 작전 끝나고 돌아올 길은 오돌오돌 떨어야 했다. 그때 길가의 작은 차이 집에 들렀다. 본인도 육군 예비역이라며 소개하던 마음씨 좋은 주인은 우리 형색을 보고는 흔쾌히 우리가 자리 잡은 곳에 모닥불을 피워주셨다. 금세 옷도 마르고 온기가 몸을 채웠다. 밖에 내리는 비가 낭만적으로 보이기까지 했다. 긴장이 풀리며 그만 잠들 뻔했다.

하지만 파키스탄, 특히 카슈미르에서의 비는 특히 조심해야 한다. 조금만 비가 많이 내려도 곳곳에 산사태 위험이 도사리기 때문이다. 여름 몬순 철은 물론이고, 유난히 비가 잦았던 겨울도 마찬가지다.

깎아진 산은 언제 떨어져도 이상하지 않을 바위들이 도사리고 있고, 그 옆에 간신히 내놓은 길은 산사태에 취약하다. 비가 내릴 때 나다니다 산사태로 길이 막혀 갇혀버리는 경우가 꽤 빈번했다. 그나마 갇히는 정도면 차라리 다행이었다. 드물지만 매몰되는 경우도 있기 때문이다.

소초에서 제법 큰 비를 만난 적이 몇 번 있었다. 어느 날 밤, 천둥소리가 울려 밖으로 나가보니 눈앞에서 번개가 번쩍였다. 산 중턱 높은 곳에 있다 보니 번개가 눈앞에서 펼쳐진다. 고개를 들 필요가 없다. 저 멀리서 순식간에 전부를 밝히는 번개가 내리꽂고 천둥이 들린다. 그리고는 정확히 한 시간 후에 내가 있는 곳에 비를 퍼붓기 시작했다. 꽤 요란했고, 지붕에 부딪혀 내는 소리는 공포감이 느껴질 정도였다. 방음은 고려되지 않은 듯한 오래된 소초 건물이라 그럴지도 모르겠지만 워낙에 거셌던 비였다. 비현실적이었다. 비가 올 기미조차 보이지 않던 날이었기 때문이었다. 너무나 청명해 그 전날 공포스러웠던 비의 흔적조차 보이지 않은 다음 날 아침은 더욱 비현실적이었다.

*

그래서인가 이들이 잘 쓰는 말이 '인샬라'다. 모든 것은 신의 의지라는 뜻이라는데, 그도 그럴 것이 이 종잡을 수 없고 거대한 현상 앞에 인간이 대체 무엇을 할 수 있을 것이란 생각을 감히 하겠는가 말이다. 신비로운 안개도, 휘몰아치는 폭우도 결국 그들의 믿음 안에서는 모두 신의 의지일 것이다. 아니, 그보다도 당장 눈앞에 장벽처럼 펼쳐진 산들만 보아도 인간이 얼마나 작고 초라한 존재인지 먼저 깨달았을지도 모른다. 신의 의지에 순종하는, 한편으로는 아름다운 종교적인 모습이다.

하지만 우리네, 화식(火食) 하는 인간들 사이에서는 조금 다르다. 특히 나 같은 외국인들은 어느 순간 이들의 '인샬라'에 진절머리를 느낀다. 파병 전 교육 당신 들었던 말이 있다. 이들은 약속할 때도 이렇게 말한다고 했다.

"다섯 시에 만나자. 인샬라."

곧, 신이 허락한다면 다섯 시에 만나자는 뜻이라는 것이다. 문자 그대로 해석하면 애매하지만, 굳이 따질 필요 없는 관용적 표현이라고 했다. 그러나 내가 마주한 현실은 달랐다.

"5분 후에요. 인샬라."

그러면 5분 후여야 할 텐데, 기약 없을 때가 종종 있다. 어디까지가 신의 의지인가 말이다. 당신의 준비 부족도, 깜빡 잊은 것도, 혹은 게으름마저 신의 의지였는가. 신의 이름으로 미리 변명의 준비를 하는 것 같아 불쾌했다.

*

파키스탄 국내 공항에서의 일이었다. 북쪽에서 임무를 마치고 이슬라마바드로 돌아가기 위해 비행기를 기다리던 중이었다. 이미 탑승 시간이 지나고, 출발 예정 시간조차 훌쩍 넘겼는데도 공항은 고요했다. 대기석에는 꽤 많은 사람들이 앉아 있었지만, 누구 하나 의아해하거나 불만을 드러내는 기색은 없었다. 답답한 마음에 카운터로 가서 물었다.

"아직까지 왜 비행기가 오지 않는 거죠?"

"10분 후에요. 인샬라."

순간순간 치밀어 오르는 무언가를 간신히 눌러 삼켰다. 그러나 상황은 나아지지 않았다. 그가 말한 10분은 한참 지났다. 다시 다가가 따져 물었다.

"아까 10분이라고 했잖습니까. 지금 어떤 상황인지 설명이라도 해 주셔야죠."

내 목소리는 약간 격양되어있었다. 전투복을 입고 있다는 사실이 한몫한 것 같다. 그제야 어딘가에 전화를 걸어 한참을 통화한 뒤 말했다.

"곧 옵니다. 인샬라."

나는 더는 참을 수 없었다.

"뭔가 이유가 있을 것 아닙니까? 설명은 해 주셔야지요. 지금 저기 기다리는 많은 사람들 안 보이세요?"

"곧 설명하겠습니다. 기다리세요."

그리고 또 한참 후에 비행기가 도착했고, 물론 이후에도 비행 지연에 대한 설명은 들을 수 없었다. 비행하는 내내 의구심과 불쾌함을 지울 수 없었다. 왜 아무도 자신의 권리를 주장하지 않고, 왜 아무도 설명하고 해결하려 들지 않는 걸까. 무엇보다 무심한 얼굴로 "인샬라"를 반복하며 '당신 지금 뭔데 여기서 나를 성가시게 하느냐'는 듯 바라보던 항공사 직원의 표정이 잊혀지지 않았다. 그리고 이후 이슬라마바드에 있던 동료에게 물어 사정을 들을 수 있었다. 그 항공편은 이슬라마바드와 내가 있던 스카루드를 오가는 왕복선이었는데, 이슬라마바드에 폭우가 내려 출발할 수 없었단다.

비행기 옆자리에 앉아 있던, 자신을 여행사 운영자라고 소개한 노신사와 이런저런 이야기를 나누다가 나는 다시 물었다.

"이슬라마바드에 폭우가 내려 비행기가 늦었다고 하네요. 그럴 수는 있지요. 그런데 왜 그걸 설명해 주지 않았을까요?"

노신사는 씁쓸한 듯 고개를 끄덕이며 대답했다.

"그렇죠. 설명해 주는 게 참 중요하지요….''

그러고는 이내 말끝을 흐렸다.

*

여느 때처럼 작전을 마치고 돌아오던 아주 평범한 날이었다. 늘 비슷한 산길을 지나던 중이었다. 드라이버가 이야기를 꺼냈다.

"저쪽이 3년 전 확장공사를 하다가 중장비가 굴러떨어져서 안에 있던 사람이 죽은 곳이랍니다."

나도 모르게 무심코 입 밖으로 읊조렸다.

"…인샬라…"

아무것도 알지 못하는 완벽한 타인에 대한 연민, 그 순간 영혼의 평온을 빌며 내가 할 수 있는 유일한 표현이었다. 어쩌면 타인이기에 가능한 것인지도 모르겠다. 왜 이렇게 위험한 곳에서 중장비를 운용했을까 하는 의문조차 잠시, 그로 인해 우리가 지금 더 안전하게 다닐 수 있다는 사실에 감사하며 그의 영혼이 평온하기를 빌었다. 신이 그의 영혼을 위로해주길 바랄 뿐이다.

때론 지긋지긋해도 '인샬라'는 참 아름다운 말이다. 인간의 의지가 닿을 수 없는 소망과 인간이 위로할 수 없는 슬픔에 대한 위로를 담는 말이다. 인간이 담을 수 없는 더 큰 질서 속에 기꺼이 의탁하겠다는 믿음이고, 그것이 나의 비좁은 이해로 받아들여지지 않더라도 수용하겠다는 다짐의 말이다. 신이 사라졌다고 여겨지는 세상에서도 여전히 신이 살아 있음을 인정하며 우리를 더 고귀한 존재로 이끌기를, 그래서 세상이 신의 너른 아량과 축복으로 풍성해지기를 바라는 기원의 말일 것이다.

나는 나 자신을 스스로 종교적이라고 딱 잘라 말하기는 쉽지 않다. 가끔 교회에도, 절에도 가지만 "당신의 종교가 무엇이냐"는 물음 앞에서는 망설인다. 그렇다고 무신론자도 아니다. 조던 피터슨 그의 저서에서 "당신은 무신론자가 아니다"라고 단호하게 이야기했다. 그 이유는 인류가 수백만 년 동안 쌓아온 신앙과 상징, 전통 속에서 영향을 받고 살아가는 우리 모두가 결국 그 연속 위에 서 있기 때문이다.

솔직히 그 신이 어떤 존재라고 명확히 이해할 수 없지만, 그 신을 부정하지는 않는다. 그래서 그 모호하지만 광활한 전체적인 존재로서의 신에게 의지하는 '인샬라'라는 말이 더욱 아름답다. 비록 어떤 이들이 그 말을 핑계 삼아 무책임을 정당화하더라도, 신은 그저 침묵할 것이다. 대신 안개의 신비로움으로, 때로는 폭우의 맹렬함으로, 인간이 다 헤아릴 수 없는 방식으로만 자신을 드러낼 것이다. 그것이 바로 신의 의지일 테다.

무굴제국과 라호르

파키스탄 곳곳에서는 무굴제국의 흔적을 만날 수 있다. 예전에 읽었던 책에서 파키스탄 사람들은 무굴제국을 그들의 자랑스러운 뿌리이고 역사로 여긴다고 했다. 같은 이슬람을 공유했던 과거이기 때문일 것이다. 300여 년 동안 오늘날의 인도, 파키스탄, 아프가니스탄을 지배했던 거대한 제국이었다. 그 규모를 지도를 아무리 들여다봐도 감이 오지 않아서 아는 대로 숫자를 통해 상상해보았다. 파키스탄이 한국의 5배 정도이고 인도는 그 파키스탄의 6배 정도니까 둘만 합쳐도 지금 한국의 35배. 여기에 아프가니스탄까지 더해지면, 나로서는 아득해 상상조차 어려운 크기다.

어찌 되었든 그들이 남긴 유적과 유물들은 지금도 파키스탄 곳곳에 남아 있다. 한편으로는 그들이 자랑하는 '역사적 유물'은 그 당시의 것 외에 없는 것 같다는 생각도 든다. 놀랍게도 '무굴(Mughal)'이라는 말은 이 지역 언어로 '몽골'을 뜻한다. 또 다른 이름은 '칭기즈칸의 부마국'이라고 한다. 바로 그 칭기즈칸 말이다. 몽골이라면 중국과 가까운 쪽일 텐데 어떻게 여기와 뿌리가 이어질 수 있었을까.

여전히 선뜻 상상되지 않는다. 그들은 이란계나 인도계 모계와 섞이며 지금의 모습으로 이어져 왔다고 한다.

한때 세계 경제 최고의 자리에 있던 제국이었다. 막대한 부와 찬란한 문화 수준을 자랑하던 제국. 그러나 정치와 군대 체계의 허술함, 그리고 종교적 갈등이 결국 제국을 무너뜨렸다. 그리고 오늘날 세계사의 대부분이 그러하듯, 그 뒤에는 '영국'이 있다. 이제 그 제국의 찬란함은 몇몇 유적지와 유물로 남겨졌을 뿐이다.

*

휴가 중 짬을 내어 라호르에 갔었다. 태국에서 온 친구 'UI'와 함께했다. 나와 동갑내기인 이 호탕한 아가씨는 1박 2일간 자기가 경비를 모두 부담할 테니 같이 가주기만 해 달란다. 어차피 혼자 가도 꼭 그만큼 들 비용이었다면서 아웅다웅 실랑이 끝에 결국 식사만큼은 내가 해결하는 것으로 합의했다.

라호르는 무굴제국의 심장이던 도시다. 우리나라 경주 정도일까? 지금은 인도와 맞닿은 국경에 자리해있으며, 매일 오후 5시 인도와 파키스탄 군인들이 기 싸움을 벌이며 국기를 내리는 의식으로 유명한 '와가 보더(Wagah Border)'가 있는 곳이기도 하다.

우리는 운전사이자 가이드가 몰아주는 차에 몸을 싣고 이슬라마바드에서 약 4시간을 달려 라호르에 도착했다. 가이드가 안내한 첫 목적지는 라호르 요새였다. 아침에 출발해 점심에 도착한 지라 먼저 허기를 달래고 주변을 둘러보았다. 이곳은 예전에는 성벽으로 둘러싸여 있었고, 지금은 구시가지로 불린다. 낡고 허름한 3층 건물들이 줄지어 서 있었는데, 자세히 보면 어딘가 고풍스럽고 기묘하게 이국적인 정취가 묻어났다. 분명히 다르지만 어쩐지 홍콩의 오래된 거리가 떠오르기도 했다.

현지 느낌 물씬 나는 점심 식사 후에 성을 구경하러 들어갔다. 잘 다듬어진 넓은 정원과 꼿꼿한 자태를 유지하고 있는 건물들, 그리고 호사스럽기까지 한 옛 분수대와 인공호수는 그 시절의 영광을 얼핏 가늠케 했다. 토목을 전공하고 건축에 관심이 많은 UI는 호기심 가득한 눈으로 둘러보면서 건물에 대해 내게 이것저것 설명해 주기도 했다. 아는 것이 없는 나는 그저 생경하지만 일단 눈에 담기로 했다. 여기저기 방처럼 공간이 많았다. '손님들을 위한 곳이었을까?' 그러기엔 너무나 소박했다. '혹시 성에서 일하는 하인이나 노예들을 위한 공간이었을까?' 친절한 안내판 하나 없는 탓에 막연히 상상만 해볼 뿐이었다.

왕이나 왕비가 있었을 법한 공간은 반짝이는 돌들과 화려한 그림들로 천장과 벽면을 채웠다. 지금은 바래서 이 전에 어떤 색이었는지 알기 어렵고, 여기저기 부서지고 깨진 곳들도 많지만, 오히려 그것이 멋스러웠다. 욕망과 권력의 덧없음을 기억하게 하는, 그리고 시간 앞에 초라한 인간의 역사를 보여주는 것 같았다.

400여 년 전의 궁전은 이제 누구든 찾아와 구경하고 산책하고 휴식하는 장소가 되었다. 소풍 나온 듯한 가족도 보였고, 단체 관광 중인 학생들 무리가 우리를 힐끔거리며 쳐다보다 저들끼리 낄낄거리기도 하고, 한 무리의 외국인 관광객도 보였다. 몇몇 앳된 청년들이 차와 함께 재미난 이야기를 나누고 있었고, 벤치에 앉은 젊은이는 열심히 스케치를 이어가고 있었다.

어느 왕의 무덤도 그러했다. 널찍한 공터에 모스크처럼 둥근 지붕을 이고 있는 팔각형의 건물은 가까이 가 보니 꽤 넓었다. 8개의 면에 뚫린 문은 어떤 종교적 의미가 있는지는 모르지만, 누군가의 발걸음을 거부하는 듯한 기운은 느껴지지 않았다. 그 넓은 공간의 정중앙에 단출하게 놓인 관 하나. 머리는 정확히 북쪽을 향하고 있었다. 많은 문화권에서 북쪽을 사후 세계와 연결된 방향임을 의미하는가 보다. 아이들은 철없이 그 주변에서 공을 차며 놀고 있었고, 석양은 서서히 내려앉아 무덤을 더욱 쓸쓸하게 물들이고 있었다.

무굴제국은 확실히 부강한 나라였음이 틀림없다. '하맘'이라고 불리던 대중 사우나 시설을 보고 확신했다. 지금은 박물관으로 쓰이는 건물 안은 당시의 모습을 고스란히 간직하고 있었다. 과학적으로 설계된 하맘은 무굴제국의 남성들이 뜨거운 물과 돌로 몸에 피로를 해소함과 동시에 일종의 사회활동을 하던 장소이기도 했다.

밖으로 나오니 사람들로 가득 찬 시장이 이어졌다. 수백 년 전에도 이곳은 이토록 활기찼을까 싶었다. 오래도록 자리를 지켜온 듯한 가게들은 좁은 골목길을 사이에 두고 마주 서 있었고, 그 풍경은 마치 과거와 현재가 겹쳐진 듯 그때도 지금도 똑같이 '오늘'을 살아내고 있는 듯 보였다.

그저 과거로 묻어두기 쓸쓸하고 가슴 아픈 옛 영광의 흔적이 묻는다. 과연 인간의 문명은 시간의 흐름과 순행하며 발전해가는 중인가? 지금이 수백 년 전의 과거보다 진보된 상태라고 감히 단언할 수 있겠는가 말이다. 문명의 발전은 어떻게 정의되는가? 오늘날의 삶은 과거보다 아름다운가? 이런 생경한 질문들을 던지며, 어둠이 내려앉은 라호르의 구시가지를 벗어났다.

*

"노, 노! 택시, 택시!"

호텔 체크인을 마치고 늦은 저녁을 먹으러 나서려던 참이었다. 호텔 앞 식당이 불과 500m 거리라 우리는 가볍게 걸어가려 했지만, 매니저가 손사래를 치며 이야기했다. 최근 동양인, 정확히는 중국인을 대상으로 한 테러가 자주 발생해서 반드시 우버 같은 택시를 타고 이동하라는 것이었다. 그러나 우리가 가려는 식당은 고작 500m 밖에 되지 않았다. 걸어도 10분이 채 걸리지 않을 터였다. 우리는 서둘러 한국인과 태국인이라고 설명했고, 게다가 방금 전까지만 해도 와가 보더(Wagar Border) 세리머니에 다녀온 터라 얼굴에 칠한 파키스탄 국기도 아직 다 지워지지 않은 상태였다.

그래도 매니저는 뜻을 굽힐 기색을 보이지 않았다. 그들 눈에는 한국인이든 중국인이든 태국인이든 다 똑같아 보인다는 것이다. 더욱이 그가 이러는 이유가 다른 것도 아니고 우리의 안전 때문이니 우리가 딱히 고집부릴 수는 없었다. 결국 500m의 거리를 택시를 불러 이동했다. 아이러니하게도 도착한 곳은 중식당이었다. 참 별일도 다 있다며 UI와 수다를 떨었다. 그러다 보니 어느새 식탁 한가득 요리들로 채워졌다. 많은 접시의 수는 우리의 허기를, 그 접시에 그득 쌓인 음식은 주인의 넉넉한 인심을 말해주었다. 결국 다 해결할 수 없었던 우리는 남은 음식들은 포장해달라 했다. 아마 다시 먹을 일은 없을 테지만, 버려지는 걸 두고 보는 건 더 어려운 일이었다. UI가 말했다.

"여기 와서 알았는데, 여기서는 구걸하는 사람들에게 남은 음식을 주기도 하더라고."

숙소로 돌아가는 길, 날은 더 어두워졌지만 우리는 500m를 걸어가기로 했다. 그리고 멀지 않아 길가에서 구걸하는 사람을 만났고, 그의 손에 포장해 온 음식이 담긴 봉투를 쥐여주었다. 연신 고맙다며 웃어 보이는 그를 뒤로한 채 우리는 무사히 호텔에 도착했고, 라호르에서의 첫날 밤이자 마지막 밤을 보냈다.

*

라호르는 이색적이면서도 고풍스럽고, 동시에 세련된 매력을 지닌 도시였다. 덕분에 인상적인 순간들이 많았지만, 무엇보다도 와가 보더(Wagar Border)의 세레머니가 가장 인상적이지 않았나 싶다. 국경이니만큼 제법 까다로운 통과 절차를 거친 후에 행사장에 들어갈 수 있었는데, 거대한 국기와 경기장을 연상케 하는 관객석에 가득한 사람들, 시작하기 전부터 주변을 가득 채우는 함성에 가슴이 두근거렸다. 건장한 체격의 군인들이 연습하는 모습도 보였다. 더 위압적으로 보이기 위한 몸짓과 표정을 연습하는 모습이 사뭇 진지하고 분주했다. 세레머니가 시작되니 요란한 북소리와 함께 통문이 열리고, 먼저 인도와 파키스탄 쪽 수장들이 국경선으로 와서 과장된 몸짓으로 악수를 했다. 각자 위치로 돌아오면 다시 북소리에 맞춰 군인들이 국경선으로 일제히 전진했다가 다시 돌아왔다가를 반복했다.

그러는 과정에서 서로 위압감을 주기 위해 양손을 높이 들어 올리기도 하고, 누군가는 풍성한 수염을 과장된 몸짓으로 쓰다듬기도 했다. 그러면 관객석에서는 탄성과 웃음이 동시에 터져 나왔다. 어찌 보면 우스꽝스럽기도 한데, 그들의 표정은 진지했다. 어쩔 수 없이 오늘날 그들은 서로를 적으로 대치 중이지 않은가. 한편으로는 오랫동안 가족이었던 역사가 있기에 부정할 수 없는 형제애 또한 그 속에 깃들어 있었다. 색깔만 다를 뿐이지 두 나라의 복장도 비슷했고, 머리 위 높게 솟은 새 벼슬 장식까지도 닮아 있었다.

무엇보다 이 세레머니의 시작이, 과거 생도 시절을 함께 보낸 두 나라의 지휘관이 전쟁 통에 저쪽에서 이쪽으로, 이쪽에서 저쪽으로 가려는 민간인들을 보호하기 위함이었다니 그 아름다운 마음도 함께 기억되어야 할 것이다.

라호르는 이렇게 옛이야기를 품은 채, 여전히 오늘을 살아가고 있었다.

파키스탄의 또 다른 얼굴, 길깃

"어떻게 된 거야? 무슨 일이야?"

한 시간의 비행과 네 시간의 차량 이동 끝에 소초에 도착했을 때, 헤르보예가 인사보다 먼저 내뱉은 말이었다. 아주 작은 오해가 있었다.

이동할 때마다 우리는 1시간 단위로 보고해야 하는데, 통상은 차량 무전기를 활용한다. 통신이 제한되는 지역에서는 문자로, 그것도 안 되면 위성 전화로 보고한다. 물론 위성 전화는 통신료가 워낙 비싸 신중히 사용해야 하고 그마저도 신호가 잡히지 않는 경우가 빈번하다. 비행기에서 내린 후 차량으로 갈아타며 통신 대기 중인 인원에게 문자로 보고했더니, 이렇게 답장이 왔다.

"알겠다. 현장 초소에 도착하면 보고해라."

이게 문제였다. 공항과 내가 가야 할 길깃에 있는 소초 사이에는 스카루드라는 또 다른 소초가 하나 더 있었는데, 그는 내가 거기에 들를 줄 알았던 것이다. 하지만 내게 그 계획은 없었다. 당연히 내가 갈 곳인 줄 알고 이 친구가 나의 번거로움을 미리 알고 배려해주나 보다 싶어 냉큼 고맙게 받아들이고 말았다. 덕분에 나는 때마다 신호 찾느라 분주해야 하는 번거로움 없이 평온하게 경치를 감상하며 이동했고, 그 외의 사람들은 나를 찾느라 분주했다고 한다. 결국 타인에게 던져둔 번거로움이 미안함과 머쓱함이 되어 내게 돌아왔다.

"됐어. 별일 없이 도착했으니 다행이야."

그래. 별일 없이 도착했으니 참으로 다행이다 싶은 길이었다. 그동안 카슈미르를 적잖이 누빈 터라 나름 잘 알고 있다고 믿어왔다. 하지만 그것은 나의 착각이었다. 이곳은 세계에서 손꼽히는 봉우리들이 가까이 있는 곳이다. 수많은 도전들을 거부하고 오로지 흰 눈만 정상 위에 허락한 산들이었다. 가시거리에 있으니 꽤 가까워 보였지만, 사실은 생각보다 멀리 있었다. 해발 7천, 8천 미터의 봉우리들이라 그렇게 착시처럼 다가왔을 뿐이다. 이런 봉우리들이 흘려놓은 산길을 통과해오니 신호를 찾기 어려운 것도, 연락이 끊긴 나를 사람들이 걱정하는 것도 지극히 당연한 일이었다.

그 앞에서 문득 묻게 되었다. '인간의 기술력? 인간의 생명? 과연 그것들이 그토록 대단한 것들이던가?' 자연은 그 모든 자부심을 비웃듯 가소롭게 바라보는 듯했다. 그저 인간은 발버둥 치며 버텨낼 뿐이다. 길깃은 바로 그런 곳이었다.

*

길깃과 스카루드에는 공항이 있다. 그러나 험준한 산맥과 변덕스러운 날씨 탓에 운항 취소가 빈번하다. 특히 길깃 공항이 더욱 그러하다. 그 덕분에 길깃의 초소로 가는 길도 스카루드 공항으로 가서 나머지는 육로로 이동해야 했다. 스카루드 공항 역시 파일럿들에게 세계에서 착지가 가장 두려운 공항 중 하나로 꼽힌다. 하지만 나는 그런 사실을 알지 못한 채, 그저 창밖에 펼쳐진 장관에 감탄하고 있을 뿐이었다. 언제나 그렇듯 불안과 두려움 또한 아는 자의 몫이리라.

임무단에서는 옵저버가 이 지역으로 가게 되면 이동 소요가 크기 때문에 한 번 투입했을 때 2개월에 걸쳐 두 지역에서 모두 임무 수행할 수 있는 인원을 보낸다. 게다가 이쪽 소초에는 3명 이상을 두지 않기 때문에, 두 소초 통틀어도 동시 임무 수행 인원이 최대 4명에 불과하다. 다시 말해, 이곳에서 근무할 기회를 얻기가 쉽지 않다는 뜻이다. 누군가 새로 투입되면 그로부터 2개월간 휴가도 허락되지 않는다. 그런데 대부분 옵저버들은 이곳에 가고 싶어 한다. 때로는 휴가를 미뤄가면서 근무를 신청한다. 독특한 자연조건이 주는 특별한 경험이 가능하기 때문이다. 나 역시 운 좋게 이곳에 발을 디뎠다. 게다가 여름에. 북부 파키스탄의 절경을 누리기 가장 좋은 계절이었다. 누군가는 여행으로 일부러 찾아오는 곳이기도 하다. 반년간의 노고를 보상받는듯한 느낌마저 들 정도였다.

헤르보예가 앞으로의 계획을 알려주었다. 이삼일 정도는 고지대에서의 적응이 필요할 테니 평지 위주로 다닐 거라 했다. 어느 정도 적응하면 여기, 또 저기, 지도를 펼쳐놓고 가르쳐 주었다. 우리 소초를 기준으로 동쪽, 서쪽, 남쪽으로 길게 뻗어 있는 선들이 보였다. 남쪽 목적지는 하루로는 부족하여 2박 3일 일정이 될 것이라고 했다.

"좋아."

어디든 좋을 것 같았다. 장거리 이동은 이제 이골이 난 터였다. 그러다 지도를 들여다보다가 문득 말했다.

"잠깐만, 그런데… 우리 작전지역이 이쪽으로는 아프가니스탄, 저쪽으로는 중국과 국경을 맞대고 있네."

"응. 맞아."

그렇구나. 충분히 흥미로울 수 있는 사실이 심드렁한 일상이었다. 꽤 신선하지만, 그들과 파키스탄의 일은 우리 임무의 관심은 아니었다.

*

"라카포시(Rakaposh) 베이스캠프에 가자!"

헤르보예가 눈을 반짝이며 제안했다. 이전에 작전지역의 파키스탄 부대 Liaison Authority(LA, 작전지역 내 활동을 협조·관리하는 장교)와 사전 합의를 마친 상태였다. 작전이 없는 날 하이킹을 해도 되겠냐는 물음에 LA는 흔쾌히 허락해주었다.

"라카포시 베이스캠프에 다녀오겠습니다."

그렇게 맞은 토요일 아침, LA에게 문자를 남긴 후 길을 나섰다. 오전 6시. 헤르보예가 미리 연락해둔 택시를 타고 등산로 입구까지 달렸다. 1시간이 걸렸다. 저 멀리 보이던 만년설이 아주 조금 가까워진 것 같기도 했다. 등산로의 입구는 어느 마을이었고, 우리는 거기서부터 본격적으로 오르기 시작했다.

해발이 높은 곳에서는 큰 나무가 자라지 않는다. 이 때문에 사방이 초록빛으로 물들어 있었음에도, 사막을 걸으면 이런 기분일까 싶었다. 어쩌다 잠시 숲을 만나면 그제야 땀을 식히고 물을 마셨다. 가도 가도 길은 끝을 보일 기미가 없었다. 나는 숨이 턱까지 차오르건만, 샌들을 신고 한가로이 소를 몰며 가는 전통 복장의 현지인들은 아무렇지 않게 소와 염소를 몰며 유유히 걸었다. 풀밭 위에서 우적거리며 풀을 뜯는 짐승들은 경사에도 주춤거림이 없었다. 새삼 눈에 들어오는 풍경들이었다. 나는 점점 뒤처졌고, 헤르보예가 중간중간 기다려주며 발걸음을 맞춰주었다. 다리가 후들거렸다. 그때, 정상에서 내려오던 네덜란드 아주머니가 밝게 웃으며 격려해주었다.

"곧 정상이에요. 놀라운 경치가 기다리고 있어요. 선물처럼요. 그러니 포기하지 마세요."

"감사합니다. 그런데 얼마나 걸릴까요?"

"두 시간 정도 남았어요."

그 말을 듣자 헤르보예가 곁에서 덧붙이며 응원했다.

"중년 여성이 두 시간이라니까 너는 한 시간 반 정도면 도착할 거야."

그러나 정상은 보이지 않았다. 두 시간이 지났을 때, 내 앞에는 여러 번 속아서 이젠 익숙해진, 끝이 닿아 있는 것처럼 느껴지는 길고 지루한 언덕이 펼쳐졌다. 나는 그저 발밑만 보며 한 걸음씩 내디뎠다. 드디어 언덕 끝에 도착하자, 발밑을 붙잡고 있던 그 길고 지루한 언덕 너머로 만년설이 갑작스럽게 눈앞에 펼쳐졌다.

'이곳이었다!'

언덕 끝에서 맞이한 풍경은 말 그대로 예고 없는 '선물'이었다. 눈앞에는 크기를 가늠할 수 없는 빙하가 펼쳐져 있었고, 그것은 오랫동안 멈추지 않은 듯 차디찬 숨결을 내뿜고 있었다. 방금 전까지만 해도 뜨거운 햇볕에 달아올라 붉다 못해 검게 열로 달아오르던 나는 주섬주섬 바람막이를 꺼내입었다.

어떤 말이 필요 없었다. 우리는 서로 아무 말 없이도 이미 충분히 충만했다. 감당하기 벅찰 만큼 압도적인 장관이었다. 일곱 시간 등반의 노고는 이 순간을 만나는 값싼 대가에 불과했다.

바람은 매서웠다. 겨울은 차마 상상할 수 없을 것 같다. 생명이 과연 버틸 수 있을까 싶었다. 이곳은 겨우 내 어떤 생명의 숨도 허락하지 않고 오직 이 빙하와 그것을 품은 산만이 이곳에서 그 차가운 체온을 간직한 채 존재할 것만 같았다. 일 년 중 단 한 순간, 여름의 짧은 햇살 속에서만 다른 존재들에게 그 좁은 문을 열어주는 듯했다.

눈앞의 만년설은 티끌 하나 없이 깨끗해 보였다. 누가 감히 여기에 흔적 따위를 남길 수 있을까. 종종 천둥 비슷한 소리가 났다. 빙하가 깨지는 소리였을 것이다. 웅장하고 느긋했다. 순간 나는 문득 생각했다. 역사 속 영웅들의 영혼도 이와 같지 않았을까? 초조함, 망설임, 속임수 같은 나약한 모습은 없다. 그저 서늘하고, 고독하며 초연하다. 생명에 대한 연민마저 없을 것 같다. 자기의 생명에도 그랬으리라. 어떠한 번뇌 없이 홀연하다.

*

그곳에 앉아 알뜰히 챙겨온 점심을 먹고는 더 늦기 전에 돌아가기로 했다. 내려가는 길에 몇몇 사람들을 만났다. 일 년의 반을 여기서 보내며 염소젖으로 버터와 요거트를 전통 방식으로 만드는 사람들이었다. 나무통에 가득한 염소젖을 연신 나무 막대기로 휘젓고 있었다. 권해주는 음료를 먹어보았다. 맛이 시큼했다. 낯설긴 하지만 많이 역하지는 않았다. 헤르보예가 이거 좋은 거라며 연신 먹더니 큼지막한 버터 조각도 그들에게서 한 덩어리 샀다.

그들의 허름한 집 옆에는 계곡이 흐르고 있었다. 빙하에서 흘러내린 물이었다. 차가운 물은 빙하의 온도를 지닌 채 흐르고 있었다.

빙하는 해가 충분한 낮에 녹아 흐르다가 밤이 되면 다시 얼기를 반복한다. 물살이 거셌다. 도대체 얼마나 많은 빙하가 저기 있는 것일까. 궁금하고 경이롭기를 반복했다.

우리가 거의 지상에 다다랐을 즈음, 마침 해가 지고 있었다. 그제야 핸드폰이 연신 울렸다. LA가 몇 시간 전부터 보낸 메시지들이 한꺼번에 도착했다. 내용 대부분은 걱정과 우려였다. 우리가 하이킹한다고 했을 때 여기까지 오리라고 생각하지 못했던 모양이다. 내 메시지를 늦게 본 그는 당황했을 것이 분명했다. 하지만 어쩌랴. 당신의 우려가 나에게 닿기를 산이 허락하지 않았다. 산은 일상과 환상의 경계였음이 분명했다.

일상으로 돌아온 나는 답장을 보냈다.

"대단히 죄송합니다."

*

동쪽으로 향했다. 그 길 끝에는 쿠느제랍 패스(Khunjerab Pass), 파키스탄과 중국의 국경이 있었다. 그 길은 우리가 참으로 좋아하는 길이었다. 중간에 '훈자(Hunza)'라는 마을이 있었기 때문이다. 그래서 우리는 한 번은 훈자를 보기 위해, 또 한 번은 쿠느제랍 패스까지가 보기 위해, 또 다른 한 번은 중간의 호숫가 마을에 닿기 위해, 몇 번이고 그 길을 오갔다. 여행이 아니라 '일'을 위해서였지만 그 길은 늘 특별했다.

쿠느제랍 패스로 가는 길은 아름답지만 힘들었다. 짧은 시간에 수백 미터에 달하는 해발 차를 극복해야 했기 때문이다. 그곳에 도착했을 때 기온은 서늘했고 빗방울도 살짝 흩날렸다. 그 때문이었을까 아니면 차에서 너무 긴 시간을 보내서였을까, 나는 그동안 못 느끼던 고산증 증상을 처음 겪었다. 여지없이 몰려들어 사진 찍기를 원하는 수많은 관광객과 부대끼는 사이에도 머리가 아팠다. 저쪽으로 가서 머리를 움켜쥐고 숨을 크게 쉬어봤지만 나아지지 않았다. 헤르보예 말로는 내가 술에 취한 사람처럼 휘청거렸다고 했다.

저 멀리 통문이 보였다. 회색 건물에는 '중화인민공화국'이라는 한자가 또렷하게 적혀있었다. 저 문을 실제로 드나드는 사람은 누구일까. 문 뒤로 보이는 산은 한 눈에도 험준하기 그지없었고, 건물 지붕에서 휘날리는 붉은 색 국기만이 펄럭일 뿐이었다. 들리지 않는 펄럭이는 소리가 들리는 듯했다. 어쩐지 쓸쓸했다. 낡고 작아서 사람들이 찾지 않는 어느 전시관을 방문할 때 느끼던 그런 쓸쓸함이었다. 나의 고산증 탓에 그날은 서둘러 복귀했다.

훈자는 이색적인 곳이었다. 관광객이 많은 곳이라 현지인들의 태도도 사뭇 달랐다. 차를 세우고 골목을 지나는데, 아직 손님이 없는 식당 주인이 나와 우리를 보며 장난을 걸었다.

"도둑이 들었어요. 살려주세요!"

아마 우리가 유니폼을 입고 있었기 때문일 것이다.

"우린 군인이지 경찰이 아닙니다."

그런데도 그는 포기하지 않았다.

"도와주세요! 도둑이 여기 있어요!"

그제야 우리는 장난을 받아주듯 말했다.

"알아서 해결하시죠 사장님!"

그런 우리에게 낄낄거리며 손을 흔들었다. 사뭇 유쾌했다.

그 길은 언덕에 닿아있었다. 언덕에 올라서니 봉우리들 사이로 시원하게 펼쳐진 풍경이 한눈에 들어왔다. 이곳이 바로 소위 '독수리 요새(Eagle's nest)'라 불리는 곳이었다.

서늘한 계곡풍이 불었다. 아래쪽으로는 성처럼 웅장한 건물들이 눈에 들어왔다. 오래전 이 지역을 다스리던 이들의 요새라고 했다. 거대한 산맥이 든든한 울타리를 제공했을 터이니, 풍족한 삶은 아니더라도 평화로웠을 것 같다. 지금은 박물관이 된 그 요새에는 수백 년 전 이곳을 지나간 외부인들의 흔적이 남아있었다. 중국과도 교류가 있었는지 반은 우루드어, 반은 한자로 쓰인 의미 모를 문서들도 전시되어있었다.

종교에도 비교적 개방적이다. 히잡 없이 해사하게 웃는 금빛 머리칼의 아가씨들이 인상적이었다. 파키스탄의 북쪽은 그 옛날 실크로드를 품었고, 불교가 전파되기도 했던 곳이란다. 지금은 색다른 등산에 도전하려는 세계인들의 성지이기도 하다. 이곳은 다른 파키스탄보다 조금은 다르게 느껴졌고, 그래서인지 조금 편안함을 느낄 수 있던 것도 사실이다.

*

남쪽으로 간다. 작전지역이 길고 험해서 우리 목적지까지 가려면 2박 3일을 잡아야 한다고 한다. 남쪽으로 3시간 정도 떨어진 곳에 있는 'Army High Altitude School(AHAS, 육군 산악훈련소)'을 우리의 베이스캠프로 삼고 다니기로 했다. 일단 AHAS에서 제공해준 숙소에 짐을 풀고 시설을 둘러보니 여러 면에서 전문적이라 인상적이었다. 우리도 산악부대가 있는데, 여기서 훈련받으면 어떨까 하는 생각도 해봤다. 언젠가 슬쩍 국정원 과장님께 말씀드려보니 돌아온 대답은 의외로 단호했다.

"거기 가면 우리 애들 죽어요."

작전지역은 험한 길과 험한 산들의 연속이었다. 이 와중에 곳곳에 자리 잡은 부대들은 여기서 훈련할 것으로 생각하니 다시 보였다. 그곳에서 훈련받는다는 건 누구에게나 고된 일이 분명했다. 지휘관의 가장 큰 관심이 장병들의 심리적 적응과 고산증 극복에 있다는 말을 들었다. 그래서 이곳에는 반드시 전문 군의관이 배치된다 했다. 그나마 다행이라는 생각이 들었다.

끝도 없는 길이 계속되었다. 마치 세상의 끝을 향해 가는 듯한 착각이 들 정도였다. 풍경조차도 그렇게 속삭이고 있는 것 같았다. 초록빛 들판과 계곡, 산들만이 사방을 가득 메우고, 우리가 밟는 길만 이 이어져 있었다. 간간이 소나 염소를 몰고 지나가는 사람들이 곁을 스쳐 갈 때만이야 '그래도 이곳에도 삶이 있구나' 하고 짐작하게 됐다.

어느 초록이 가득한 평원에 텐트 몇 채가 보였다. 가까이 다가가니 한 무리의 사람들이 있었다. 어린아이부터 중년의 어른들까지 한자리에 있는 것을 보니 한 가족인 것 같았다. 성년의 여성들은 텐트 안에서 식사를 준비하는지 불 앞에 앉아 있었고, 헝클어진 머리카락의 아이들은 우리가 신기한 듯 힐끔거리며 텐트를 들락날락하고 있었다. 저쪽 언덕에서 여러 마리의 염소들이 풀을 뜯고 있고, 덩치 큰 소들은 들판에 엎드려 햇살을 즐기고 있었다.

"여기가 천국 같습니다."

동행한 드라이버가 얼굴 가득 미소를 지으며 말했다. 지난밤 묵은 숙소에서부터도 4시간을 족히 달려와 쌓여있을 법한 피로가 무색해 보였다. 초록의 풍경 위에 살포시 내려앉은 만년설과 들판에 흩뿌려진 작은 풀꽃들은 그림처럼 평화로웠다. 가축의 젖과 분뇨 냄새가 섞인 듯한, 불쾌하진 않지만 오묘한 냄새가 주위를 채웠다. 주변에서 현대 문명의 흔적이라곤 휴대용 배터리에 연결된 라디오뿐이었다.

그 무리의 가장으로 보이는 남성이 우리에게 요거트를 권했다. 염소젖으로 직접 만든 것이라 했다. 시큼한 맛이 입안을 채웠다. 솔직히 내 입맛은 아니었지만 거절할 수는 없었다. 흔쾌히 받아든 표정과 달리 줄지 않는 내 몫을 보고 드라이버가 자기에게 달라고 했다. 나는 기다렸다는 듯 얼른 건네주었다. 그 사이 우리 앞에는 빵과 버터가 담긴 접시들이 차려졌다. 낯선 음식이었지만 의외로 먹을 만했고, 덕분에 늦은 점심을 해결할 수 있었다.

드라이버를 통역 삼아 그들과 이야기를 나누었다. 혹시 위험을 느낀 적은 없느냐, 국경 근처라 다치거나 죽은 사람은 없었느냐, 총소리를 들은 적은 없느냐…. 꽤나 긴 이야기가 같은데 돌아오는 답은 단 한 마디였다.

"No problem."

사실 풍경과 지극히 어울리지 않을 법한 질문들이었다. 하지만 그게 바로 우리의 일이었다. 매년 이맘때쯤 이곳을 찾는 이들이지만, 이들이 유엔군을 실제로 본 적은 한 번도 없다고 한다. 기록에도(기록을 봐도) 이곳은 최소한 지난 10년간 이 일대에 옵저버가 다녀가지 않은 곳이었다. 그도 그럴 것이 이곳은 너무 멀다. 혹시 우리의 등장이 그들의 삶에 작은 동요라도 일으킨 건 아닐까 잠시 염려했지만, 그렇게 보이진 않았다. "여기 근처가 국경 일대니까, 조심하세요."라고 말하기에는, 이곳은 그들에게 견고한 터전이다. 그들의 소에게 마음껏 풀을 먹이고 햇살과 계곡을 즐기고 그들의 아이들이 뛰노는 곳이다. 총부리마저 힘을 잃을 듯한 말갛고 무해한 공간이다.

무리 중 가장 어린아이가 내게 다가왔다. 이제 막 걸음마를 뗀 듯 아장아장 걸어오더니, 내게 작은 손을 내밀었다. 나는 아이의 손을 잡고 살며시 안아주었다. 금빛 머리칼에 크고 깊고 파란 눈이었다. 눈동자가 그의 걸음마처럼 움직였고 신기한 듯 내 얼굴 이곳저곳을 바라보았다.

"정말 어여쁜 아이구나…."

나도 모르게 감탄했다. 아름답고 작은 생명이 내 품에 안겨있었다.

등산을 사랑하는 이들의 성지, 스카루드

길깃을 떠나 스카루드로 이동했다. 차로 4시간 정도 걸리는 거리였다. 그렇게 달려 소초에 도착하니 구스타보(Gustavo)가 맞아주었다. 아르헨티나 출신의 산악 전문 장교다. 그런 그에게 스카루드는 꼭 맞는 곳이었다. 만년설과 호수, 산과 빙하가 녹아 흐르는 계곡, 그리고 사막까지 공존하는 이곳의 자연환경은 그의 고향이라는 파타고니아와 비슷해서 그로부터 고향 이야기를 많이 듣곤 했다.

스카루드는 길깃보다 평균 고도가 조금 더 높다. 덕분에 한여름에도 소초에서 에어컨을 켠 날이 며칠 되지 않았다. 게다가 낮에는 대부분 밖에서 활동하느라 소초에 머무는 시간은 이른 아침이나 저녁 무렵뿐이었다. 그러나 낮의 더위는 만만치 않았다. 건조하게 내리쬐는 햇볕은 찌는 듯한 더위가 아니라 피부를 태울 듯 따가웠다. 그런 가운데 저 멀리 보이는 만년설은 이질적으로 느껴지기까지 했다. 나중에 알게 된 사실이지만, 저 멀리 보이는 만년설은 K2라 불리는 봉우리였다. 그 옆으로는 K6, K7 같은 이름을 가진 봉우리들이 줄지어 서 있었다.

작전지역이라 부르기엔 이곳의 풍경은 참 아름다웠다. 초소에서 벗어나 북쪽으로 바로 나타나는 산 오르막길을 오르면 산이 품고 있는 커다란 호수가 나타났다. 그 호수 경치를 바라보고 있는 카페는 허름해 보이지만 꽤나 낭만적이었다. 여러 현지 관광객들이 찾는 곳이지만 그들을 위한 인공적 꾸밈 따위는 없었다. 그저 자연이 제공하는 산, 호수, 그리고 하늘과 구름만 있을 뿐이었다. 상식적으로는 호수에 안전하게 다가갈 수 있도록 다듬어진 접근로라도 있을 법한데, 그마저도 없었다. 덕분에 호수를 조금 더 가까이서 느끼려면 자갈로 울퉁불퉁해서 그나마 미끄러질 위험이 덜 한 경사진 턱을 디디고 조심스럽게 걸음을 옮길 뿐이었다.

*

호수를 품은 그 길을 따라 더 올라가다 보면, 눈앞에 장벽처럼 봉우리가 나타나고, 그 봉우리 끝에는 요새가 있었다. 한번은 그 요새 안으로 들어가 보기로 하고 걸어갔다. 꽤나 가파르고 거리도 제법 되는 탓에 입구에 다다랐을 때 자물쇠로 굳게 걸어 잠겨진 것을 본 우리는 허탈감과 분노를 느꼈다. 그러나 여긴 파키스탄이다. 이곳에서 배운 것 중 하나는 '안 되는 게 많지만, 또 안 되는 게 없는 곳'이라는 역설 같은 진리였다. 굳게 닫힌 나무 입구를 세게 두드렸다. 몇 번인가 두드리니 입구에 곁들여진 조그만 창문 같은 문이 마법처럼 열리더니 어떤 노인이 고개를 빼꼼히 내밀었다.

함께 간 드라이버가 노인과 이야기를 나눴는데, 간간이 "UN…오피서…" 같은 단어가 들려왔다. 알아들을 수 없는 우르두어였지만 익숙한 소리가 반복해 들렸다. 그렇게 한참을 대화를 나누더니 그 노인은 이내 다시 들어가 버렸다. 열린 창문으로 방안을 들여다 보니, 그는 본인의 은거지처럼 보이는 방 안의 침상에 앉아 있었다. 그렇게 꼼짝 않고 한참을 있더니 아주 자연스럽게, 마치 자신의 일상을 해내는 모습인 양 다시 돌아와 문을 열어주었다. 알고 보니 그 노인은 기도하는 중이었다고 한다. 그래서 기도가 끝난 뒤에 문을 열어주겠다고 했던 모양이다. 그렇게 해서 열린 문을 지나 요새 안으로 들어갈 수 있었다. 현지인에겐 10루피, 외국인에겐 200루피라는 관람료도 이제는 그다지 낯설지 않게 자연스럽게 받아들여졌다.

카르포초 요새(Kharpocho Fort)라 불리는 이곳은 '성채의 왕'이라는 뜻이다. 어쩌면 '왕의 요새'라고 불러야 더 어울릴지도 모른다. 실제로 한때 이곳에는 왕과 왕비도 살았다고 하는데, 군사들을 거느리고 전투를 치르기에는 너무 작고 아담해 보였다. 요새 가장 높은 곳에는 눈대중으로 다섯 평 정도 되는 작은 공간이 있었는데, 그곳은 바로 왕과 왕비의 거처였다고 한다. 수백 년 전에 지어진 그 건물은 겉보기에 그냥 오래된 건물일 뿐, 특별하게 신비롭거나 위엄이 느껴지진 않았다. 이 지역은 1940년대 전쟁으로 많은 건물이 불타 사라졌다고 한다.

돌을 차곡차곡 쌓아 올린 건축물에는 여기저기 작은 틈이 보였다. 활이나 총을 쏘거나 뜨거운 물을 붓기 위해 만든, 적의 접근을 막는 장치였을 것이다. 파키스탄 전역의 요새들은 그렇게 비슷비슷한 구조를 갖추고 있었다. 조금만 안쪽으로 들어가면 휑한 빈 공간이 나왔다. 설명이 없어 정확히 알 수 없지만, 이전에 들었던 설명으로 추측해보면 오늘날 무기고 같은 공간이었을 것이다. 무기고는 요새의 사방 어디로도 접근이 용이한 위치에 자리하고 있었다.

그 옛날 적을 맞아 싸웠을 전사가 섰을 자리에서 봉우리 너머를 바라보니 광활하게 펼쳐진 땅과 물줄기와 그 뒤로 또 다른 봉우리가 보였다. 수풀 하나 없이 황량한 대지 위를 전사들은 어떤 심정으로 달려왔을까. 그런 생각에 뒤를 돌아보니 눈앞으로 스카루드 전체가 훤히 펼쳐졌다. 여기가 바로 이 지역의 입구였다.

이곳에 서 있던 자들에게 이곳은 그야말로 '최후의 보루'였을 것이다. 빼앗으려는 자와 지켜내려는 자의 의지가 강력하게 부딪히던 자리. 요새 지하에는 시내로 향하는 비밀 통로가 있었다. 그렇다, 어느 순간에는 탈출과 후일을 도모할 길이 반드시 필요했을 것이다.

그러나 지금 그 모든 상상에 요새는 그저 침묵하고 있었다. 꼼꼼히 쌓아 올린 성벽 사이사이에 줄무늬처럼 끼워 넣어진 나무 막대들이 눈에 띄었다. 그것은 이들이 적과 싸웠을 뿐 아니라 지진과도 맞서 싸워왔음을 말해주고 있었다. 지진이 나면 쉽게 부서지는 돌과 다르게 나무는 신축성을 발휘해 건물을 붙들어주는 역할을 했다고

3 역사와 풍경의 만남 129

한다. 지금까지도 성벽이 이렇게 견고한 것이 그 덕분인가 싶다.

*

소초에서 동쪽으로 이어지는 길을 따라가다 보면 뜻밖의 풍경을 마주하게 된다. 바로 사막이다. 사막은 TV 화면 속에서 본 것이 전부인 나로서는 시작도 끝도 없는 모래 광야를 떠올렸지만, 줄기줄기 이어진 산자락 사이에 불현듯 나타난 흰 모래밭은 그야말로 낯설고 생경한 광경이었다.

"이게, 사막이라고?"

나는 몇 번이나 구스타보에게 되물었던 것 같다. 사막이란다. 사막이었다. 뜨겁게 달궈진 모래에서 뿜어져 나오는 열기가 순식간에 얼굴을 감쌌다. 한 줌 쥐어 올리니 손가락 사이로 스르르 미끄러지는 것이 틀림없는 모래였다. 곱디고운 흰 모래 더미가 내 발걸음을 나른하게 붙잡아 당겼다. 현실인가 싶을 만큼 풍경은 아득했다. 저기 산이 있고 그 너머에는 만년설이 있는데, 발밑은 모래밭이라니. 움직이는 생명체는 보이지 않았고 무심하게 날아다니는 나비가 보이는 전부였다. 나비가 앉아 쉬는 풀들은 모두 작고 여렸다. 어디에 어떻게 뿌리내렸는지 신기할 정도였다. 흰 모래와 파란 하늘이 눈이 부셨다. 그 사이로 드문드문 지나가는 차 몇 대가 보일 뿐이었다.

모래밭 끝자락에는 작은 마을이 펼쳐져 있고, 다시 강이 흐르는 것이 보였다. 저 강이야말로 여기 사람들의 삶을 이어가게 하리라. 몇몇 관광객을 위한 숙박 시설들도 보였다. 몇몇 관광객을 위한 숙박 시설도 보였지만, 관광객을 향한 특별한 친절이나 매력적인 '호객'의 기운은 느껴지지 않았다.

그러나 한편으로 생각해보면, 이런 헐벗은 자연을 일부러 찾아오는 사람이라면 화려한 장식이나 지나친 친절을 기대하지는 않을 것 같다. 자연은 요란하지 않았다. 그곳의 사람들도 그저 덤덤하다. 굳이 자연을 인간의 입맛에 맞게 바꾸려 하지 않았다. 정보의 홍수가 넘쳐나는 세상에서 이곳엔 흔한 활자조차 보이지 않았다. 그러나 확실한 건 그 어떤 풍경보다 강렬하고 인상적이었다. 오래도록 기억에 남아 오랜 시간에 걸쳐 나에게 때마다 다른 이야기를 들려줄 것만 같았다.

*

소초에서 남서쪽으로 차를 타고 40분쯤 달리면 데오사이 국립공원(Deosai National Park)이 나타난다. 익숙한 산길을 지나 검문소를 통과할 때까지만 해도 여느 작전지역과 별반 다르지 않을 거라 생각했다. 그러나 곧이어 눈 앞에 펼쳐진 광경에 나는 압도당할 수밖에 없었다.(하지만 곧 눈앞에 펼쳐진 풍경에 압도당하지 않을 수 없었다.)

이것을 어떻게 설명할 수 있을까 싶다. 신의 작품을 어떻게 나의 미천한 단어들로 설명할 수 있을까. 앞으로도, 옆으로도 그 끝을 가늠할 수 없는 초원이었다. 저 멀리에는 만년설이 보였다. 저 멀리에는 만년설이 뒤덮인 산이 우뚝했고, 파란 하늘과 그 위에 걸린 흰 구름들이 어우러져 있었다. 우리는 초원 한가운데 흙으로 다져진 길을 달리고 또 달렸다.

　달리며 마주하는 풍경은 같으면서도 매 순간 새로웠다. 한 무리의 소가 누군가에 의해 느긋한 걸음을 옮기고 있고, 저쪽에서는 또 몇 마리의 소가 풀을 먹고 있었다. 길가에 군데군데 무리 지어 피어 있는 이름 모를 풀꽃들은 선명하고 고운 제 빛깔을 뽐내듯 피어있었고, 저쪽에서 두더지 같은 것이 우리와 시합하듯 달렸다. 바람마저 상쾌했다. 평소 잘 열지 않던 차창을 활짝 열고 바람을 들이마시고, 손끝으로 느껴보았다. 경쾌하고, 시원하고, 달콤하고, 보드라웠다.

　끝까지 달리는 데 세 시간은 족히 걸렸다. 직선거리로는 50km 남짓이지만, 오르막과 내리막이 이어지고 차를 위한 길이 아니다 보니 시간이 더 걸렸다. 그럼에도 놀라웠다. 무려 50km에 걸쳐 이어지는 초원이라니! 그 가운데 인간이 만들어놓은 것이라곤 드문드문 보이는 여행자 쉼터가 전부였다. 텐트 몇 동, 음료와 스낵을 파는 작은 매점, 한산하게 놓인 테이블 몇 개. 요란스럽지 않아 오히려 더 좋았다. 잠시 멈춰 따뜻한 차 한잔 마시기에 참으로 적당했다.

　평균 해발이 4000m가 넘는 이곳 날씨는 서늘했지만 시시각각 변했다. 세 시간을 달리는 동안 하늘은 화창했다가 흐려지고, 비가 흩날리더니 다시 맑아지기를 수차례 반복했다. 그러나 그 어떤 순도 이곳의 아름다움을 해치지 못했다. 이토록 무해한 변덕이라니.

변덕스러운 날씨마저 사랑스러운 그곳을 달린 끝에 도달한 곳은 시오사르 호수(Sheosar Lake)였다. 눈 시리게 파란 하늘의 데칼코마니가 우리가 달려온 푸른 초원 끝에 펼쳐져 있었다. 넘실거리는 물살이 최면을 거는 것 같았다. 파란색이 이토록 매혹적이었던가. 되돌아가는 물살을 따라가면 마치 세상 끝에 닿을 것만 같았다. 호수 건너편의 봉우리 너머는 어쩌면 깨달은 자만이 닿을 수 있는 피안일지도 모른다. 더 이상 나아갈 길도, 나아갈 필요도 없다고 느낀 그곳에서 나는 그저 깊게 숨을 들이쉬고 내쉬기를 반복했다. 그것만으로도 충분히 충만했던 순간이었다. 돌아가는 길, 다시 좁고 다난한 세상으로 돌아가야 한다는 사실만이 조금 허탈했을 뿐이었다.

*

우리는 격주로 2주간의 활동 예정 계획을 세우고 그에 따라 임무를 수행했다. 그리고 계획을 세울 때마다 주둔 부대에 협조를 구하곤 했다. 주변 상황에 대한 조언을 얻기 위함이었다. 때때로 우리의 안전이 위협되는 상황이면 LA(Liason Authority)는 계획 변경을 조언해주었다. 라마단 기간에 무슬림들의 생활 패턴이 바뀌므로 출동 시간을 조정하라던지, 최근 이 지역 치안이 좋지 않으니 동선을 바꾸라는 식이었다. 그러다 보면 때로는 계획된 임무를 취소하고 초소에

박혀있기도 했다.

아슈라(Ashura) 기간이 바로 그런 경우였다. 기껏 계획된 계획을 취소하라는 통보는, 특히 돌아다니기 좋아하는 구스타보와 나에게 반갑지 않은 통보였다. 하지만 어쩔 수 없이 임무를 변경해 초소 인근을 순찰하는 것으로 갈음했다.

도시는 평소와는 사뭇 다른 분위기였다. 상점 대부분은 문을 닫았고, 거리에는 종교 행렬을 따라 북소리와 구호가 울려 퍼졌다. 긴장감 속에서도 어쩐지 축제 같은 열기가 느껴졌다. 길거리에서 아이들이 주는 분홍빛 음료를 한 잔 받아 마셨다. 기껏해야 열 살도 채 되지 않아 보이는 아이들이 달려와 권하는데 뿌리칠 만큼 나는 아직 모질지 못했다. 솜씨 좋게 그들을 벗어난 구스타보가 내게 웃으며 농담을 건넸다.

"야~ 이제 너 배탈 나면 그것 때문인 걸 확실하게 알겠다야."

달큰한 맛은 어릴 적 어른들이 '불량식품'이라 부르던 것을 떠올리게 했다. 그렇게 한 잔 마시고 순찰을 도는데, 몇 걸음 더 가지 않아 또 다른 무리의 아이들이 같은 분홍빛 음료를 권했다. 나는 빈 잔을 들어 보이며 방금 마셨다는 뜻을 전하고, 발걸음을 조금 더 재촉했다. 하지만 가는 곳곳마다 지나가는 이에게 분홍빛 음료를 권하는 아이들이 있었다. 어른들은 묵묵히 행렬을 따라 걸었고, 북소리와 기도 소리가 뒤섞여 낯선 장엄함을 만들어냈다. 무슬림, 특히 시아파에게는 아주 큰 명절이라고 한다. 그래서 열흘간 휴일이란다.

이 명절은 모하메드의 친척이 전투에서 전사한 날을 기리는 것이라 했다. 당시 물이 부족해 많은 이들이 목숨을 잃었는데, 그 기억을 이어가기 위해 사람들에게 분홍빛 물을 나누어 준다는 것이다. 파키스탄 드라이버가 오랫동안 열심히 설명해 주었지만 내가 이해한 건 이 정도가 전부였다. 더 캐묻기는 왠지 조심스러웠다. 축제가 길었던 탓에 그 후로도 몇 번 더 음료를 마셔야 했지만, 다행히 탈은 없었다.

그러던 어느 날 밤, 평소보다 훨씬 요란한 소리에 밖을 내다보니 도로가 사람들로 가득 차 있었다. 수많은 남성이 상의를 벗은 채 스스로를 채찍질하거나 맨손으로 가슴을 내리치고 있었다. 모두 영웅의 죽음을 기린다고 했지만, 그 모습이 과연 슬픔의 표현인지, 아니면 지켜내지 못했다는 죄책감 때문인지는 알 수 없었다. 의미를 알 수 없는 외침과 울부짖음, 선율을 파악하기 어려운 노래들이 뒤섞여 밤을 더욱 극적이고 강렬하게 만들었다. 그날이 바로 그 명절의 마지막 날이었다.

*

그 일주일은 우리가 평소에 잘 보지 못했던 주변의 소소한 것들을 바라볼 기회를 주었다. 우리가 머물던 초소에서 조금만 걸어나가면 번잡하게 상점들이 늘어선 큰길이 있었고, 그 길가에는 산을 좋아하는 사람들이 찾을 만한 가게들도 몇 군데 있었다. 구스타보는 그곳에 가는 걸 정말 좋아했다. 등산을 즐기는 그는 꽤 괜찮은 중고 텐트를 발견하고는 몇 번을 들러 만져보고, 바라보기를 며칠을 계속했다. 산악부대 근무에 꼭 필요하다며 산악 고리, 취사도구, 바람막이, 하네스 같은 장비들도 신나게 살펴보았다. 나도 덩달아 그와 함께 이것저것 구경하다가 문득 다용도 칼 하나가 눈에 들어왔다. 옛날에 아버지가 '맥가이버 칼'이라고 부르던 바로 그 칼이었다.

사실 평소엔 크게 관심이 없던 물건이었는데, 손바닥만 한 크기를 펼치자 펜치, 드라이버, 칼, 가위, 통조림 따개가 줄줄이 드러나는 것이 너무나 매력적이었다. '이 작은 것 하나면 못 해낼 일이 없겠다' 싶었다. 기념인 셈 치고 큰맘 먹고 하나 장만했다. 그리곤 아버지 기억이 났다. 내가 어릴 적 아버지는 그 칼을 들고 눈을 반짝이며 만지곤 하셨다. 그리고 어느새 내가 그때 아버지의 나이가 되었다는 사실이 새삼스럽게 느껴졌다. 무언가가 뭉뚝하고 깊게 나를 관통했다. 이젠 내 것이 된 이 '맥가이버 칼'을 만지작거리며, 익숙하면서도 낯설고 오묘한 향수와 그리움, 그리고 어쩌면 연민 비슷한 감정까지 느껴졌다. '2024년 여름. 파키스탄. 소령 석혜선'이라고 적어 붙였다. 왠지 이 느낌을 간직해야만 할 것 같았다. 아니, 잊으면 안 될 것 같아 무언가라도 남겨두고 싶었다.

2024년 여름. 1984년 겨울에 태어나 마흔 해를 살아낸, 내 인생의 어느 한여름이었다.

4

멈춘 시간, 흔들리는 마음

갇힌 초소, 멈춘 시간 속에서

삽질 같던 시간도, 결국은 나였다

빛과 그림자, 이슬라마바드의 두 얼굴

인연이 만들어준 마음의 방패

귀국, 다시 낯선 일상 속으로

갇힌 초소, 멈춘 시간 속에서

"내일은 호송이 없습니다."

바로 다음 날 이동이 예정돼 있던 우리에게 선임 드라이버가 건넨 말이었다. 호송용 차량 행렬이 없다는 건 우리가 이동할 수 없다는 뜻이다. 내일 누가 운전하게 되느냐는 내 질문에 본인이 가겠다고 하더니, "그런데…"라며 느닷없이 감사장을 만들어 달라 한다. 계급과 이름, 군번까지 정성스럽게 적어온 종이를 내밀며 말이다. 참 눈치 없는 친구구나 싶었지만, 꾹꾹 참으며 컴퓨터 앞에서 타자를 두드렸다.

분명히 알고 있었다. 내가 있는 인도 잠무 카슈미르 지역은 선거가 한창이었다. 절차는 3단계로 진행된다는데 구체적인 방식은 알 수 없었다. 다만 사람들이 수시로 투표하러 가고, 유세가 이어지고, 길마다 군인이며 경찰이 빽빽하게 늘어선 풍경이 거의 한 달째 계속되고 있었다. 내일이 또 투표일이라기에 이동하는 길이 막힐 수 있겠다는 걱정을 했지만, 예정된 호송 계획이 취소될 줄은 몰랐다. 호송에 필요한 군과 경찰 차량이 모두 선거 지원에 투입된다는 것이다. 그것도 바로 하루 전에 통보받았다. 소식을 전달하는 드라이버의 얼굴은 그저 평온했다. 익숙한 일인 듯 보였다. 그 앞에서 화를 내거나 다그쳐봐야 소용없음을 알았다. 체념이었다. 변할 것은 아무것도 없었다. 체념 외의 모든 것은 무용했다. 그것만이 거짓된 평화로움을 유지할 수 있는 수단이었다. 그것만이 우리가 '돈 받는 감옥'이라고 부르기로 합의한 이곳에서 그나마 온전하게 버틸 수 있는 방법이었다.

문제는 하루 이틀 늦어지는 일정이 아니었다. 출발이 늦어지면 다음 소초에서 예약한 비행기를 놓치게 되고, 이후 일정 전체가 꼬인다. 나와 함께 소초에 있던 동료가 그러했다. 휴가차 나가 아내와 델리에서 만나 태국 여행을 함께하기로 했는데 일정이 꼬이면서 비행기며 숙소며 모조리 취소해야 했다. 차라리 아내를 인도로 불러 여기서 지내야겠다고 했지만 속은 편치 않은 듯 줄담배를 피우다 방에 들어가 한참을 나오지 않았다. 불혹이라는 나이도, 소령이라는 계급도 이런 상황 앞에서는 크게 다를 조건이 되지 못하는 모양이었다.

인도는 세계에서 상비군이 세 번째로 많은 국가이며 군비 지출로는 세계 10위이다. 이런 규모의 군사력으로도 '선거'라는 이벤트 앞에서는 고정적인 호송 임무조차 할 수 없단다. 숫자가 현실을 다 말해줄 수 없는 것인지, 아니면 그 여력까지 끌어모아야만 할 만큼 현실이 삼엄한 것인지 정확히 알 수 없다. 우리네 선거 때도 그로 인해

할 수 없던 것들이 있었나 새삼스레 떠올려 볼 뿐이었다. 선거라면 그저 공짜로 얻는 하루의 휴일에 신나던 소시민인 나로서는 떠오르는 것이 있을 리 만무했다.

이곳이 그토록 역동적인 곳인가 싶었다. 눈앞의 풍경은 평화롭기 그지없었다. 초 단위로 울리는 자동차 경적을 제외하고는 모두가 무엇 하나 거슬릴 것 없다는 듯한 모습으로 살아가는 모습이었다. 도대체 어떤 열정이 이곳을 흔들고 있는 걸까 싶었다. 사실은 그렇게 단정 짓기에는 워낙 인구도 많고 땅도 넓은 곳이다. 내가 있는 곳은 그저 외곽의 한적한 작은 시골이었다. 하지만 매일 전달되는 정보 상황 보고에는 저기 어딘가에서 무장단체와 공권력의 충돌이 끊이지 않았다. 선거 때는 특히 잦아져 모든 역량이 무장단체 억제에 집중되는 듯했다. 그게 바로 우리가 발이 묶인 이유였다. 어쩌면 이렇게 초소에 갇혀 있는 것이 안전한지도 몰랐다. 어디로 튈지 가늠할 수 없는 분노와 괄목 사이로 태연하게 내 갈 길만 갈 수 있을 것이라 장담할 수 없지 않은가.

그럼에도 여전히 믿어지지 않았다. 어디에, 어떤 모습으로 갈등이 존재하는가. 이들의 참정권은 어떤 가치를 지향하는 중인가. 어디서 충돌이 발생하는가.

*

여전히 이방인인 나로서는 알 길이 없었다. 설령 알게 된다 해도 온전히 공감하기는 어려웠을 것이다. 살아가는 방식이 다르다는 것은 곧 '상식' 자체가 다르다는 의미임을 이곳에서 배우고 있었기 때문이다. 서로가 다 알고 있는 지식, 혹은 알고 있다고 믿는 지식이 상식이라던데, 그것을 그대로 적용하다 보면 당황스럽거나 회의적이거나 내 앞의 상대가 때로 더욱 낯설게 보이기도 하고, 심지어는 혐오스럽게 느껴지는 순간들이 있었다. 상식은 모두가 똑같이 공유하는 것이 아니다. 오히려 같은 '상식'을 믿는 사람들이 모여 '우리'라는 집단을 이룬다. 세상에는 생각보다 다양한 상식이 존재한다. 다행히 내가 속한 상식의 세계가 지금은 조금 더 힘을 가지고 있고, 합리적인 것으로 인정받는 듯하다.

덕분에 그들의 상식을 이해하지 못해도 큰 어려움 없이 지낼 수 있었다. 위계의 관점에서 본다면 그것은 특권일지도 모른다. 그저 어쭙잖은 피해자가 되지 않으면 그만이다. 그들의 상식이 예고도 없이 나를 붙들었지만, 그만하면 괜찮다. 체념하면 그만이다. 덕분에 본부의 참모들이 분주해졌다. 결국 반나절 만에 새로운 호송 계획이 마련되었고, 이틀 뒤 이동할 수 있도록 다시 비행 일정을 잡을 수 있었다. 그리고 비로소 우리는 거대한 인도군의 이동 행렬에 끼어서 그곳을 떠났다.

삽질 같던 시간도, 결국은 나였다

여느 때처럼 일과가 끝나고 조용하던 저녁의 사무실이었다.
"난 바보야!"
한참이나 컴퓨터를 붙잡고 있던 UI가 갑자기 외쳤다. Google Earth에서 작전지역에 우리 참고점을 입력해 활용하기 쉽게 만드는 작업을 하고 있었는데, 무려 세 시간을 넘게 씨름하던 차였단다. 사실은 방법만 알면 3분이면 되는 작업이었다며, 그 방법을 찾는데 3시간이 넘게 걸렸다고 투덜 반, 한편으로는 뿌듯함 반 섞인 소리로 이야기했다. 그 모습을 보고 나는 빙그레 웃어 보일 뿐이었다.

그러나 그 세 시간은 결코 헛된 시간이 아니었다. 꼭 필요한 시간, 꼭 필요한 노력이었다. 따지고 보면 모든 일이 그렇다. 방법만 알면 쉽게 할 수 있었던 일인데 그 방법을 찾느라 걸린 시간이 너무나 길고 쏟아부은 노력이 컸던 탓에 투입 대비 산출이 빈약해 보여 헛헛할지라도, 사실 그것은 꼭 필요한 것들이었을 것이다. 그 어려움을 피해 보고자 조금 더 쉬운 방법을 구하고, 누군가를 따라 해보기도 하겠지만, 그것은 진실로 찾아 헤매던 누군가가 쏟아부은 열정으로 얻어낸 깊이마저 닮을 수는 없다. 자신이 헤매고 부딪히며 흘린 시간만이 주는 깊이와 무게는 베낄 수도, 가르쳐줄 수도 없는 것이다. 그것은 지식이 아니라 몸에, 태도에, 그리고 '자아'에 스며드는 것이기 때문이다.

세상에 지식은 차고 넘치지만, 정작 지혜로운 이를 만나기는 여전히 쉽지 않은 이유도 여기에 있을 것이다. 클릭 몇 번으로 세상의 정보를 손에 넣을 수 있는 시대지만, 묵묵히 책 한 권을 읽고 얻어낸 것들이 더 오래 남고, 더 풍성하게 삶을 채운다는 사실은 변하지 않는다. 기존의 내가 가지고 있는 지식과 새로 알게 된 지식이 합쳐져 이전과 다른 사고와 이해로 갖춰질 때, 그것을 지혜라고 한다. 그러기 위해서는 필연적으로 나의 기존 체계를 꺼내어 새로운 것을 해체하고 이해하고 적용하는 과정이 필요하다. 그 과정에는 반드시 시간과 노력이 따라야 한다. 그렇게 조금씩 켜켜이 쌓여가는 것, 시간과 노력을 거름 삼아 천천히 자라나는 것, 그것을 아마도 지혜라 부르고 혹은 능숙함이라 부를 수 있을 것이다.

그러니 지금은 그저 툭툭 아무렇지 않게 해내는 일이라도 그것이 결코 쉽게 주어지지 않은 것이었으리라. 그리고 그렇게 되기까지 꽤 많은 시간과 노력이 필요했을 것이다. 그리고 그중 쓸모없는 것은 없다. 돌이켜보면 흔한 말로 '삽질' 같더라도 그것은 그 시간을 지나 좀 더 지혜롭고 능숙해진 우리가 과거의 우리를 바라봤을 때 느끼는 것일 뿐, 그 순간들은 모두 오늘의 우리를 만든 디딤돌이었다.

군복을 입은 지가 생도 시절까지 포함해 어느덧 20년이 되었다. 소위였던 소대장부터 대대 참모, 사단 실무자, 최근 사관학교 교수까지 단 한 개의 보직도 자신할 수 있던 적이 없었다. 익숙해질 만하면 보직이 변경되는 장교라는 직업적 특성도 있겠지만 모든 보직이 설렘과 두려움으로 다가왔다. 돌이키기 부끄러울 만큼, 소위 '이불킥' 할만한 일들도 숱했다. 어리숙했고, 늘 불안했고, 마음 편한 날조차 드물었다. 그런 순간들이 우당탕탕 부딪히며 여기 와 있구나 하는 생각이 불현듯 들었다.

이 임무가 끝나고 돌아가면 또 다른 새로운 자리에 서게 될 것이다. 그래서 여전히 다시 낯설 것이다. 그리고 여전히 부족할 것이다. 하지만 그래도 조금은 이전과 달라져 있을 것 같다. 이제는 그동안 지나온 나의 시간과 경험을 믿을 수 있을 것 같다. 그 믿음을 갖기까지 20년이 걸렸었나 싶어 조금 허무하긴 하지만, 그동안의 시간들이 그저 '삽질'이 아니라, 나를 키운 꼭 필요한 여정이었음을 바랄 뿐이다.

*

우연찮게도 그날은 나의 결혼 9주년이었다. "나는 바보야!"라며 머리를 감싸 쥔 UI를 보고 빙그레 웃던 저녁이었다. 그러고 보니 그날이 결혼기념일이길래 부랴부랴 더 늦기 전에 남편에게 전화했던 기억이 난다. 그동안 9년이라는 시간이 어떻게 지나갔던가 돌이켜 보면, 여지없이 '삽질' 같은 날들의 연속이었다. 짧았던 연애 기간을 감안하면 서로에 대해 아는 것이 많지 않았고, 지금도 여전히 전부를 알지 못한다. 어쩌면 평생 다 알 수 없을지도 모른다.

결혼하고 나서야 분명히 알게 된 것이 있다. 그것은 내가 나 자신조차 제대로 알지 못했다는 사실이다. 그러니 서로가 힘들지 않았을 리 없다. 지금 생각하면 참으로 별것 아닌 일들로 갈등하고 번민하고 힘들어했다. 그래도 지금은 그것이 '별것 아닌 일'로 여길 지혜가 있으니 그것만 해도 꼭 필요한 '삽질'이었음을 증명해주는 셈 아닐까.

그런 시간을 함께한 나와 남편에겐 지금 사랑하는 두 아들이 있다. 때때로 이 아이들이야말로 내가 세상에 있어야 했던 유일한 이유가 아니었을까 생각한다. 내가 충분히 어른이 돼서 부모가 된 줄 알았는데, 아직 진짜 어른이 되지 못했다는 사실을 자각하게 만들어주는 아이들이다. 고로, 나는 앞으로도 이 아이들과 함께 자랄 것이다. 다시 말해, 같이 '삽질'하며 시간을 쌓아갈 것이다. 먼 훗날 조금은 더 지혜로워진 내가 오늘을 돌아본다면, 이날들을 참으로 미혹하고 어리석었던 시절, 사소한 일들로 번민하고 괴로워했던 시절로 기억하게 되리라. 아이를 키울 때 차라리 사소한 일들만 있다면 얼마나 다행일까. 어쩌면 모든 부모의 마음이 그러할 것이다. 딱 하나 바라는 바가 있다면, 훗날 미래에 오늘을 떠올릴 때 괴로움이 아니라 조금 부끄럽기는 하지만 그렇저렇 괜찮은, 귀여운 날들로 추억됐으면 한다.

  그러기 위해 나는 오늘도 '삽질'을 한다. 마음 다해서 한다. 일도, 사랑도, 결국은 마음으로 하는 것이다.

빛과 그림자, 이슬라마바드의 두 얼굴

이슬라마바드는 파키스탄의 수도이다. 수도가 으레 그러하듯, 잘 정돈된 도로와 번듯한 건물들이 늘어서 있고, 행정과 외교 기능이 몰려있는 곳이다. 그래서인지 외국인도 많고 현지인들도 외국인에 대해 어느 정도 익숙한 편이다. 전기와 수도 같은 기본적인 인프라는 물론이고, 식당이나 병원, 쇼핑센터까지 잘 갖춰져 있어서 생활이 편리하다.

처음 파키스탄에 왔을 때는 느끼지 못했지만, 두세 달을 소초를 돌다 오니 세상에 이런 곳이 없었다. 소초 교대 때면 이곳에 들러 하루 이틀 정비한 뒤 다음 임지로 떠났는데, 그 짧은 시간 동안 나름의 도시 생활을 즐기다 가곤 했다. 특별히 살 것이 없어도 쇼핑센터에 가 보기도 하고, 카페에 가서 커피다운 커피를 마시기도 하고, 서점에 가서 진열된 책 제목을 훑어보기도 하고, 브런치라는 것을 즐겨 보기도 했다.

그렇게 오며 가며 지나는 길에서, 잠시 머무는 공간에서 이곳 사람들을 바라본다. 저기 또래로 보이는 남성들과 한 테이블에서 재밌

게 웃고 떠드는 여성들 머리엔 히잡이 없다. 작전지에서 만났던 눈만 내놓고 다니던 여학생과 저들의 모습이 다른 건 무엇 때문일까? 노트북을 펼쳐놓고 무언가에 집중하는 이곳의 청년과 햇볕에 의지해 책상도 없이 낡은 책에 글을 적던 그곳의 학생은 왜 이렇게 다른 걸까? 당장 이유를 알 수 없었다. 설령 생각해본다 해도 뚜렷한 결론에 닿기보다 불편한 마음만 커질 것 같아 생각을 멈췄다.

*

　이슬라마바드에 해가 슬쩍 기운이 떨어지기 시작할 즈음이면 거리 곳곳에서 꽃을 파는 아이들이 나타난다. 꽃잎 하나하나를 철사에 엮어 동그랗게 말거나 철사에 꼬치처럼 엮어내기도 한 그것들을 대체 누가 살까 싶은 그것들을 아이들은 열심히도 들고 팔러 다닌다. 외국인은 어김없이 그들의 첫 번째 타깃이 된다. 매번 애써 외면하며 다녔는데 그날만큼은 쉽지 않았다. 아이 세 명이 순식간에 달려들었는데, 8살, 4살 된 내 아이들과 또래 같아 보였기 때문이다. 이왕 이렇게 된 거 작정하고 정보 수집이라도 해보자 싶었다.
　"몇 살이니?"
　영어가 잘 통하지 않는 듯해 우르두어로 다시 물었다.
　"압 기 오마르 기쁘니 해?"
　남자아이는 9살, 작은 아이는 4살, 여자아이는 7살이라고 했다.

이름도 물었지만, 아이들이 재잘거리듯 말하는 소리에 금세 잊어버리고 말았다. 학교에 다니느냐고 물었지만 답이 없었다. 모르겠는지, 아니면 다니지 않는 건지 알 수 없었다.

얼마냐고 묻자, 한 묶음에 500루피(한화 2,500원 정도)라고 한다. 'Five hundreds rupees'는 기가 막히게 잘 연습한 모양이었다. 나는 1,000루피를 꺼내 주었다. 셋이 사이좋게 나눠 가지라고 당부했으나 그 바람은 금세 산산이 부서졌다. 조금 전까지 귀엽고 상냥하던 아이들이 순식간에 돌변해서 서로 악다구니를 퍼붓고 있었다. 무슨 말이 오가는지 알 수 없었지만 지금 나는 어른으로서 무언가를 해야 했다. 그게 아니면 나는 뭔가 큰 잘못을 저지른 사람이 될 것 같았다. 그럼에도 잠시 망설였다. 그 작은 세 아이에게서 뿜어나오는 분노의 기운이 나를 움찔하게 했기 때문이다. 나는 결국 아이들 손에 쥐여주었던 지폐를 거둬들였다. 아이들의 시선이 순간 내게 쏠렸다. 크고 검은 눈동자 여섯 개가 나를 꿰뚫어 보았다.

"싸우면 안 줘. 꽃도 도로 줄 거야. 안 사. 가져가."

알아듣든 말든 한국말로 몰아붙였다. 그때 여섯 개의 눈동자에 스치는 것이 놀람이나 창피함이 아니라 아쉬움이라 더 슬펐다. 나는 무기력한 외국인 아줌마일 뿐이었다. 결국 또 다른 500루피를 한 장 더 꺼내어 주었고, 아이들은 언제 그랬냐는 듯 히히덕거리며 돌아갔다. 그리고 내 손에는 줄 사람 없는 꽃잎 꼬치들이 가득했다. 그렇게 가려는데 저만치서 아까 그 여자아이가 뛰어왔다. 이번에는 자기 손에 남아 있던 꽃잎 팔찌를 죄다 내 손에 옮겨놓고는 내 볼에 뽀뽀하고 돌아갔다.

*

"하하하, 야 너…"
양손 가득 꽃 뭉치를 들고 들어선 나를 본 무관님은 파안대소하셨다.
"얼마 주고 샀어? 야 너 혹시 천 루피 주고 온 거 아냐?"
장난기와 호기심이 가득한 눈빛으로 묻는 무관님께 나는 차마 천오백 루피를 주었다는 말을 하지 못하고 그저 대답했다.
"…예….'
"이야…. 그 친구들 한 달 치 벌어갔구먼."
옆에 계시던 국정원 과장님이 나지막이 한 말씀 거들어주셨다.
"그거, 원가는 몇십 루피밖에 안 돼요."
한 달 치라니, 잘 모르겠다. 그렇다면 지금 내 앞에 놓인 이 스테이크는 그들의 석 달 치 벌이는 족히 되는 한 끼다. 이슬라마바드에 사는 이들의 평균적인 벌이와 물가를 도무지 가늠할 수가 없다. 지금도 마찬가지다. 어마어마하게 큰 격차가 그 어떤 '평균'이라는 개념조차 무의미하게 만들어버린다. 같은 레스토랑에 앉아 느긋하게 저녁을 즐기는 이들을 한번 쓱 쳐다보았다. 이 극단적인 괴리 속에서도 여전히 살아가고 있는 저들 말이다.

"너 엄청 쿨할 줄 알았는데, 아닌가 봐?"

'쿨하다'의 의미가 뭘까를 잠깐 생각했다. 무관님은 곧 말씀을 이으셨다.

"안쓰럽지. 그래. 근데 어쩌냐. 우리가 그들의 삶을 바꿔줄 수는 없잖아? 그들에게도 그들의 삶이 있는 거니까."

그렇다. 내가 저 아이들의 삶을 가엾게 여긴다 한들, 그래서 그들에게 천 루피든 얼마든 쥐여준다 한들, 그들에게는 그저 평소보다 조금 더 벌어들인 운 좋은 하루일 뿐이다. 그 이상도, 그 이하도 아니다. 아이들은 다시 그렇게 내일도 꽃을 한 아름 들고 거리로 나갈 것이다. 내가 바꿀 수 있는 건 아무것도 없다. 그저 내 마음만 조금 더 불편할 뿐이고, 그 불편함에서 벗어나기 위한 비용을 치를 뿐이었다.

문득 한국에 돌아가면 부끄러움이나 자존심 따위는 내려놓고, 애교 있고 사랑스러운 아내가 되어야겠다는 마음이 들었다. 내 사람들에게 아낌없는 사랑을 나눠보리라. 이곳에서 푼돈이 아쉬운 이들에게 값싼 동정을 쥐여주느니 그 여력까지 모아 내 사람을 사랑해야겠다고 다짐했다. 무관님이 말한 그 '쿨함'이란 이런 뜻이었을까 싶었다.

*

이슬라마바드의 밤은 낮과 사뭇 달랐다. 특히 여름엔 낮이 더운 탓도 있겠지만, 해가 지고 난 뒤에는 마치 달빛 같은 욕망과 젊음의 혈기가 은밀하게 역동했다. 이슬람 국가로 금주인 나라가 늦은 밤까지도 쉬이 잠들지 못하는 이유이기도 하다.

그날은 멕시코와 스웨덴에서 온 장교들이 임무를 마치고 귀국하는 것을 기념하는 밤이었다. 필리핀 하우스에 모였다. 미션 멤버들과 대사관 직원들, 그리고 현지인들까지 뒤섞여 있었다. 워낙 활동적이고 붙임성도 좋은 멕시코 친구는 그동안 이곳에서 많은 사람들과 이미 친해져 있었다. 다 같이 먹고 마시며 노래하고 춤추는 동안, 나는 동석한 현지인들이 누구냐고 물었다. 사업가도 있고, 의사도 있고, 엔지니어도 있다며 서로 소개시켜주었다.

떠들썩한 파티는 새벽 한 시가 되어서야 마무리되어가는가 싶었다. 낯선 이들이 많아 긴장한 탓인지 나는 딱히 취기는 느끼지 못했다. 그러던 내게 멕시코 출신의 동료 휴고(Hugo)가 다가와 물었다.

"나, 저 친구들이랑 다른 곳으로 이동할 건데 같이 갈래?"

순수한 호기심이 발동했다. 어디로 가느냐고 묻자, 그는 저기 서 있는 파키스탄 친구의 집이라고 했다. 가리키는 곳을 바라보니 TV 화면에서나 볼 법한 풍성한 수염에 금목걸이를 걸고 세련된 옷차림으로 치장한 청년이 서 있었다. '그래, 저들의 밤은 어떨까?' 해군 특수부대 출신의 건장한 멕시코 동료가 든든히 지켜줄 수 있는 이 기회에 한번 엿보기로 했다.

"좋아!"

*

 승용차를 타고 10여 분쯤 달렸을까. 이제는 낯설지 않은 주택가의 어두운 골목 골목을 지나 어느 집 앞에 도착했다. 대문을 열고 들어가니 낯선 풍경이 펼쳐졌다. 넓지는 않았지만 잘 다듬어진 정원과 한쪽에는 한 눈에도 고급스러운 클래식풍의 지프 한 대, 잘 닦인 세단 한 대가 나란히 세워져 있었고, 그 옆에는 고가의 바이크가 놓여 있었다. 분주한 환영 인사를 건네는 이의 안내를 따라 들어가니, 용도를 알 수 없는 공간이 처음 우리를 맞았다. 갤러리라 했다. 그렇게 듣고 둘러보니 정말 벽마다 액자들이 서너 개씩 걸려있었다. 그 옆방에는 화려한 옷들이 벽 가득 가지런히 걸려있었는데, 알고 보니 이 집 주인의 어머니가 유명한 패션 디자이너라 했다. 그렇지 않아도 패션 문외한인 나에게 열심히 이것저것 설명해 주었다. 손으로 하나하나 수놓아 같은 무늬가 단 하나도 없다는 패턴, 특별한 디자인의 디테일들…. 설명은 이어졌지만, 낯선 화려함에 눈도, 머리도 금세 몽롱해졌다.
 "훌륭하다! 멋지다!" 의례적인 칭찬들을 늘어놓은 이후에 그가 안내하는 또 다른 방으로 따라갔다. 파티가 한창이었다. 그리 넓지 않은 공간에 열 명 남짓한 청춘 남녀들이 모여 웃고 떠들며 눈빛을 주고받고 있었다. 방안은 시끄러운 음악과 담배 연기로 가득 차 있었고, 공간 중앙의 작은 테이블에는 술과 물, 얼음 같은 것들이 익숙한 듯 놓여있었다.

"여기, 술 안되는 거 아니었어?"

내가 낮은 목소리로 묻자, 휴고가 대답했다.

"정부 허가가 있는 사람은 괜찮아. 허락을 받는 비용이 비쌀 뿐이지."

그제야 고개가 끄덕여졌다. 어색하고 불편했지만, 나는 일단 그들의 세계를 지켜보기로 했다.

어디서 왔냐고 묻기에 한국에서 왔다고 답했고, 무슨 일을 하냐고 해서 군인이라고 했다. 꽤 흥미로웠던 모양이다. 풍성한 수염에 한껏 멋을 부린 그 청년이 다가왔다. 자신은 영국 국적을 가지고 런던에서 치과의사로 일한다 했다. 자란 곳은 두바이라나. 정확히 알아듣지는 못했지만, 삼촌이 정치인인가 고위 관료라고 했던 것 같다.

영국에서 살면서도 자신을 파키스탄 사람이라 소개했고, 이번에는 휴가차 잠시 들른 거라 했다. 그러면서 시답잖은 질문들을 이어갔다. 군인이라며 총은 쏴 봤냐, 군 생활은 얼마나 했냐. 내가 생도 생활까지 합쳐 20년이라고 하니, 곧바로 나이를 물었다. "마흔"이라 대답하자 자신은 스물일곱이라며 나이 많은 여자를 좋아한다고 했다. 그러곤 슬쩍 집에 같이 가자고 권했다. 불쾌하지는 않았지만 그렇다고 응하지도 않았다. 멕시코 동료에게 귀띔하니 따라가지 않으면 그만이란다. 그럼 오케이. 잠시 내 스물일곱 살 무렵을 떠올리다 피식 웃음이 났다.

멕시코 동료는 그날 밤 내내 든든하게 내 옆에서 나를 챙겨주었다. 혹시 불편하지는 않은지 수시로 물어보고, 내 이야기를 들어주었다. 또 내가 화장실에 다녀온 뒤에는 옆으로 와서 냄새를 맡기도 했다. 의아해서 묻자, 혹시라도 약을 했는지 확인하는 거라 했다.

"약? 마약?"

"응."

"쟤네 약도 해?"

"그럴지도 몰라. 그러니까 저 친구들이 주는 건 함부로 입에 대지 마. 술도, 물도 꼭 확인하고 마셔. 알겠지?"

그러고 보니 그 친구 뭔가를 마실 때마다 조명에 컵을 비춰보고 있었다.

"이제 가자. 나갈래."

멕시코 동료도 이제 갈 때가 됐다 싶었는지 나와 함께 나섰다. 시답잖게 추파를 던지던 치과의사와 그의 친구까지 넷이 좁은 승용차 뒷좌석에 끼어 앉았다. 파키스탄에선 흔한 모습이라 했다. 하나하나 목적지에 내려주고, 내 차례가 되었을 때는 서서히 밤이 끝나가고 있었다. 이제 좀 쉬어볼까 싶어 누웠더니 어떻게 알았는지 그 친구로부터 메시지가 왔다. 다들 갔으니 나오지 않겠느냐는 유혹 섞인 초대.

"갈 수 없어."

며칠 뒤, 그 친구에게 다시 메시지가 왔다. 이번에도 파티가 있으니 같이 가자고 했다. 나는 이제 이슬라마바드에 없다고 답했다. 곧 간단한 답장이 돌아왔다.

"그럼 알겠어."

인연이 만들어준 마음의 방패

내가 3 사교에서 강의했던 긍정심리학은 행복을 '행복을 구성하는 요소들'을 통해 정의한다. 그 요소는 6가지다. 긍정적인 정서(Positive emotions), 몰입(Emersion), 관계(Relationship), 의미(Meaning), 성취(Achievement), 그리고 강점(Strong point). 그래서 보통 'PERMAS' 라고 정리한다. 그중 '관계'는 다른 요소들과는 조금 다르다. 관계란 나 혼자만의 힘으로 만들 수 있는 것이 아니다. 나와 다른 '주체'가 함께할 때 비로소 탄생하는 일종의 화학작용의 결과이다. 나의 의지뿐 아니라 타인의 의지가 수반되고, 각자의 의지가 긍정적인 방향으로 일치될 때 비로소 행복을 이루는 관계가 된다. 그만큼 귀하고 소중하기에 우리는 '인연'이라고도 부르는지 모르겠다.

파병의 길에서 맺어진 인연은 준비 단계부터 시작되었다. 국방대학교의 PKO(Peace Keeping Operation) 센터에서 두 달 정도 교육을 받았다. 그때 함께했던 이들은 계급으로는 선후배가 섞였고, 군번으로는 무려 11년 차이가 났으며, 육군과 공군, 심지어 해군 장교들까지 뒤섞인 무리였다. 그러나 그 모든 군, 나이, 경험에 대한 차이는 곧 무색해졌다. 같이 파병을 희망한다는 공통점만으로 우리를 마치 오래전부터 함께한 전우처럼 가까워졌다. 그 가운데에는 이미 파병을 경험한 장교들도 있어 그들의 이야기를 들을 수 있었고, 수업이 끝나면 함께 근처 산에 오르거나 캠핑을 하며 밤늦도록 이야기하고 웃고 꿈을 나누곤 했다.

덕분에 우리가 모인 자리에는 늘 활기가 넘쳤다. 때로는 시끄럽고 들뜬 분위기가 주변에 민폐가 될까 싶어 늦은 사과를 하거나 양해를 구하기도 했지만, 부대 주변의 사장님들이 대개 그러하듯 너그럽게 이해해주시는 눈치였다. 어쩔 수 없는 불안감을 밀어내려 했는지, 아니면 그것마저도 받아들이며 혹시라도 마지막이 될 이 순간을 더 기억하려 했는지 모르겠지만, 분명한 것은 우리는 들떠있었다.

비록 각자의 파병지와 임무는 달랐지만, 이들은 파병 기간 내내 내게 큰 버팀목이 되어주었다. 서로의 안부를 묻고, 임무 수행 중에 애매한 상황이나 외국인들과의 대화로는 충분히 이해하기 어려운 일들을 이들과 상의할 수 있었다. 특히 가족 없이 지내는 명절에는 단체 영상통화를 통해 얼굴을 마주했다. 어쩌면 그 누구보다 가장 나의 상황을 잘 알아줄 이들을 모니터로라도 만나 이야기하고, 듣고, 공감하며 함께 웃을 수 있었기에 좀 더 건강한 마음 상태를 유지할 수 있지 않았나 싶다.

*

파키스탄에는 무관님이 계셨다. 특히 무관님은 대위 시절 나와 같은 임무지에 파병 경험도 있으셔서 누구보다 많이 공감해주시고, 조언해주시고, 지지해주셨다. 어쩌다 소초 교대차 이슬라마바드에 들르면 무관님께 연락을 드렸고, 그럴 때마다 우리가 평소 가 보기 힘든 근사한 식당에 데려가 주셨다. 종종 국정원 과장님과도 함께 자리했는데, 내가 쉽게 접할 수 없는 대사관 이야기나 국정원의 이야기를 들을 수 있어 무척 흥미로웠다. 물론 많은 말씀을 해주실 수는 없었지만 이런 분야에 계신 분들을 만날 수 있다는 것만으로도 값진 경험이었다. 그뿐인가. 과장님과 함께 다니는 서기관 한 분이 계셨는데, 언어를 전공하셨다던데, 정말 유창한 우루드어로 편안히 대화하는 모습에 깜짝 놀라곤 했다. 한국어와 문법이 같아서 단어만 알면 배우기 쉽다고 겸손하게 말씀하셨지만, 대개 진짜 능력자들이 그렇게 말하지 않는가. 더구나 직장이 국정원이라니, 그 실력이 상당한 수준임은 두말할 필요도 없었다.

그렇게 멋지고 대단한 분들이지만, 향수 앞에서는 모두가 동등했다. 어느 날, 내가 한국에 휴가를 다녀오면서 마른 멸치나 문어발 같은 것들을 챙겨서 드린 적이 있다. 부패 위험도 없고,(상할 염려도 없고,) 가끔 그리운 한국 맛이 생각날 때 이만한 게 또 없었다. 그것을 받으신 무관님과 국정원 과장님 표정에는 숨길 수 없는 기쁨과 감동이 가득했다. 그 모습을 보며 나 역시 뿌듯하고 기뻤다. 그리고 나서 얼마 뒤, 과장님께 연락이 왔다.

"제가 뭘 좀 나눠 드리려고 하는데요."

언제나처럼 정중한 목소리였다. 건네받은 종이 가방 안에는 레토르트 김치찌개 한 봉지, 된장찌개 한 봉지, 참치 통조림 등이 담겨있었다. 전쟁 중에 누군가가 건네준 물 한 모금이 이토록 귀하려나. 아까운 마음에 바로 뜯지 못한 채 숙소에 고이 모셔 두었다. 우리가 나눈 것은 단순히 멸치나 찌개, 참치 통조림 따위만은 아닐 것이다.

*

이슬라마바드 조금 외곽에는 한인 식당이 하나 있다. 한국 음식을 메뉴로 파는 식당이 종종 있을 테지만 한국인이 운영하는 한식 식당은 이곳이 유일하다. 알지도 못했고 찾아볼 생각조차 하지 못했는데, 임무단에 나보다 6개월 먼저 왔던 선배가 한국으로 떠나기 전에 잠시 함께할 기회가 있어 소개해 주었다. 큰 저택 같은 분위기의 그곳은 1층은 식당으로, 2층은 숙박 시설로 운영되는 곳이었다. 화사하고 친근한 주인께서 맞아주셨다. 건설업에 종사하는 남편을 따라 파키스탄에서 생활한 지 벌써 30년이라고 하셨다. 알려주신 연세가 무색하게 곱고 명랑하신 권사님이셨다.

직접 기르신다는 식재료로 내어주신 음식들이 내가 한국에서 먹던 꼭 그 맛이었다. 된장찌개는 구수하고 감칠맛이 났고, 초계 국수는 특유의 새콤함과 시원함이 그대로 전해졌다. 영혼까지 채워지는 따

4 멈춘 시간, 흔들리는 마음

뜻함과 든든함에 음식으로 감동을 받는다는 것이 이런 것이구나 싶었다. 식당 한쪽 벽면의 보드에 붙은 한국 가수들 사진들 사이에 교회 팸플릿이 눈에 띄었다. 이슬라마바드 한인 교회였다. 파키스탄에, 이슬라마바드에, 한인 교회라니. 나는 꼭 가 보기로 했다.

마침 이슬라마바드에 있을 수 있는 주일이 주어졌다. 다음 소초로 이동할 비행기가 기상 악화로 취소되면서 출발이 연기된 덕분이었다. 권사님이 주신 팸플릿에 적힌 주소로 이동했다. 그리고 정말 그곳에 교회가 있었다. 파키스탄의 정식 명칭이 이슬람 파키스탄 공화국이다(Islamic Republic of Pakistan). 그런 곳에 교회가 당당하게 파키스탄의 수도에 자리하고 있었다.

교회는 파키스탄의 현지인들 교회를 함께 사용하고 있었다. 오전 예배는 파키스탄 크리스천들이, 오후에는 한국 교민들이 사용한다고 했다. 조심스럽게 들어갔다. 이곳에 이렇게 많은 교민이 있다는 사실에 또 한 번 놀랐다. 예배가 끝난 뒤 친교 시간에 만난 분들은 대사관 직원, 선교사, 주재원, 사업가와 그 가족들이었다. 그분들 역시 한국 군인이 여기서 근무하고 있다는 사실에 신기해하고 반가워해 주셨다. 다시 만날 날을 쉽게 기약할 수 없음이 아쉬울 뿐이었다. 마침 내가 갔을 때는 여름휴가가 막 시작될 즈음이라 대부분 한국에 갈 계획들이 있으셔서 살짝 들떠있었다. 낯선 타국의 공기는 그날따라 그리움, 설렘, 외로움, 반가움이 모두 뒤섞여 있었다.

*

 이 모든 인연이 참으로 감사하고 벅차지만, 같은 임무지에서 함께 근무하는 한국군 장교들은 더할 나위 없이 귀하다. 가장 든든하고 믿음직한 전우들이리라. 가장 가까운 곳에, 같은 시간에 있는 이들 이야말로 내가 버티는 힘이었고, 잘 해내서 그들을 욕 먹이지 말아야 할 이유였다. 여기에는 총 여섯 명의 한국군 장교가 임무를 수행 중이다. 같은 국가 출신은 한 초소에 배치하지 않는다는 원칙 때문에 함께 근무해 본 적은 없지만, 언제나 반갑게 안부를 주고받고 조언을 구하고 때로는 푸념도 할 수 있는 이들이었다.

 반기마다 열리는 컨퍼런스 덕분에 우리는 1년에 두 번 모두 함께 모일 수 있다. 어쩌면 반년 내내 기다리는 일주일이라 할 수 있을지 모른다. 낮에는 본부에서 전체 옵저버들을 위한 교육이 이어지지만, 우리의 진짜 시간은 저녁부터 시작된다. 숙소에 모여 빈약한 식재료를 짜내 김밥을 말고, 김치찌개와 부침개를 만들고, 갈비찜과 심지어 꽃게 찌개까지 끓여내곤 한다. 솜씨 좋은 동기 덕분에 늘 한 상 푸짐하게 차려졌다. 이렇게 함께 열심히 준비해서 거하게 한 상을 차리면 누구랄 것 없이 기뻐한다.

 "이야~ 덕분에 여기서 이런 것도 다 먹어보네."

 최고참 선배의 추임새에 분위기는 더욱 무르익었다. 손수 만든 음식으로 몸의 허기를 채우고, 실컷 써 보는 모국어로 마음의 허기를 채운다. 외국어로는 그저 의사소통에 급급했던 갈증을 해소해본다. 딱히 거창한 주제가 아니더라도, 싱거운 농담들이어도 그저 즐겁다. 내용이 아니라 마음까지 전해지는 게 모국어인가 특별한 애틋함이 있어 정겹고 따뜻하기 그지없다. 구수하고 포근하다.

*

내 의지의 원천은 '결핍'이었다. 나를 둘러싼 대부분의 것들에서 떨어져 나온 상태에서, 나는 그 어느 때보다 강렬하게 관계 형성에 대한 갈망을 느꼈다. 의지할 대상이 필요했고 안정을 찾고 싶었다. 낯섦이 주는 피로감에서 잠시 쉬고 싶었다. 외국군 장교들도 마찬가지다. 그들도 나와 동일한 상황에 있다. 무난하게 임무를 함께 해내고, 때로는 함께 웃고 떠들다가도 틈만 나면 친구나 가족들과 연락하는 것을 보면 그들도 나와 같은 결핍을 느끼는구나 싶었다. 다행히 이곳에도 그런 나의 의지에 응답하는 이들이 있었다. 한국인들, 한국 군인들, 그리고 여기에 다 담지 못했지만 '마음이 통했던' 몇몇 외국군 장교들까지…. 참으로 감사할 따름이다. 그들에게도 나와 같은 의지가 있었으리라. 그리고 나 또한 아주 작게나마 그들의 의지에 응답했던 한 사람이었기를 바라본다.

스트레스를 이기는 일상의 힘

운동 같은 일과로 정해진 틀에 나를 '가두겠다'는 계획은 파병 전 선배 교수님들의 조언 덕분이었다. 3사관학교 시절 만난 심리학과 교수님들은 내가 교수직 이후에 파병을 가겠다고 선언했을 때, 응원과 격려를 보내주셨지만 동시에 진심 어린 걱정과 조언도 아끼지 않으셨다. 특히 송경재 교수님은 예전 파병 장병 스트레스 연구 간 얻은 인터뷰 자료까지 보여주시면서 말씀하셨다.

"이래도 꼭 가야겠니?"

그 자료 속에는 장병들이 느낀 향수, 외로움, 불안, 우울 등 상상할 수 있는 모든 정서가 시퍼렇게 날이 선 채로 고스란히 그들의 언어로 담겨있었다.

"석 소령. 파병지서 힘들어하던 장병들이 약해서 그런 게 아니야. 몸도 마음도 매우 건강한 청년들이었어. 꼭 가야겠어? 잘 생각해봐."

나는 감내하겠다고 했다. 오히려 그런 것들을 느끼러 가는 것이니 감내하겠다고, 대신 견뎌낼 방법을 조언해달라고 부탁드렸다.

"스스로를 쉬지 못하게 해야 해. 몇 시가 되면 뭘 한다. 아주 정확한 시간표를 만들고 그 틀에서 움직이는 게 좋을 거야. 월요일 오후 3시면 조깅, 화요일 오후 4시면 하이킹…. 뭐 이런 식으로."

며칠 뒤에는 이런 조언도 이어졌다.

"약 잘 챙겨가. 수면 보조제도 챙겨가고."

수면 보조제라니, 생각조차 해본 적이 없었다. 그러나 막상 떠날 때 미처 챙기지 못한 것을 후회했다. 몇 달이 지나 휴가를 나왔을 때에서야 하나 사서 다시 돌아갔다. 처음 한두 달 정도는 문제없었다. 오히려 출국 전에 겪었던 불면증이 사라졌는가 싶기도 했다. 그러나 그들의 라마단이 문제였다. 새벽 세 시가 채 되지 않아 울려 퍼지는 기도와 노랫소리는 내 방 벽을 넘어 고스란히 전해졌다. 간신히 잠들다가도 그 시간에 깨곤 했고, 아예 밤새 잠들지 못하는 날도 점점 늘어났다.

하지만 생각해보면 그것은 단지 하나의 '트리거'였던 것 같다. 라마단이 아니었더라도 불면에 시달릴 날들은 충분히 있었을 것이다. 알게 모르게 스트레스라는 것이 누적되어 갔나 보다.

*

임무지에 온 지 넉 달쯤 되었을 때, 앞서 연구 자료 속에서 보았던 정서가 내게도 침습했다. 꾸준히 하던 운동조차도 못 할 만큼 무기력한 적도 있었다. 무언가 새로운 게 필요한가 싶어서 미친 듯 영어 사전의 단어를 노트에 적어 내려간 적도 있었다. 그런 무의미한 노력들은 당연하게도 소용이 없었다.

비슷한 풍경들은 더 이상 흥미롭지도 않았고, 뻔한 업무의 연속과 때마침 조금씩 더워지는 기후도 이유가 되었으리라. 그런 날씨에 더불어 드러나는 곳곳의 취약함. 벌레의 출몰, 곳곳에 피어나는 곰팡이, 먼지투성이 환풍기, 잊을 만하면 막히는 화장실, 낡고 더러운 세탁기, 군데군데 새는 물탱크와 그로 인해 흥건해지는 바닥, 받아온 부식 속 싹이 튼 감자까지…. 사소하지만 끝없이 이어지는 불편들 말이다.

여전히 언어소통은 쉽지 않았고, 그러면서 점점 이곳 현지인들이 쓰는 영어 특유의 억양에도 짜증스럽고 어디서 들리는지도 모를, 처음에는 인지하지 못했던 정체불명의 소음들이 점점 명징하게 들렸다. 심지어 새들의 지저귐 마저 귀에 거슬렸다. 그런 상태가 한 달가량 이어졌다. 그 시기를 기억할 수 있는 건, 파병지에서 꾸준히 운동도 했지만 일기를 써왔기 때문이다. 일기를 보니 그때 내가 감기 같은 증상을 겪기도 했었다. 2주가 넘도록 기침이 멈추질 않았다. 나중에 알고 보니 꽃가루 알레르기 같은 거란다. 군의관이 준 알레르기약을 먹자 거짓말처럼 나았다. 그걸 모르고 감기약만 먹었다. 어쩌면 몸의 작은 취약함이 쌓여, 마음의 무기력과 짜증을 더 키우는 데 일조했는지도 모르겠다.

당시의 일기에는 권태와 무기력, 비현실감, 그리고 불쑥불쑥 떠올라 나를 지배하던 상념들이 가득했다. 권태감이 나를 바닥으로 몰고 간다는 고백도 담겨있다. 그러나 딱히 그 때문에 크게 초조해하거나 걱정하는 건 많지 않았다. 언젠가는 이 감정도 흘러 지나가리라 믿었기 때문이다. 여전히 얕은 지식으로 머물러있지만, 그래도 그나마 배워두었던 심리학 덕분이라 믿는다. 때때로 과거의 추억이나 미래의 상상이 머릿속을 채우더라도 그냥 그대로 두었다. 언젠가는 그 또한 지나갈 것이라 믿었다. 그렇게 일기라는 쓰레기통에 내 감정의 쓰레기들을 버려내듯 쏟아냈다.

그러다 보니 '이제 바닥을 쳤다'는 느낌이 드는 순간이 있었다. 그제야 조금씩 그 바닥을 딛고 일어설 수 있었다. 천천히, 기대만큼 빠르지 않았지만 분명히 의미 있는 회복이었다. 사소한 일들이 동기 부여할 계기가 되어주었고, 그것은 일상 곳곳에 있었다. 억지로라도 놓지 않고 이어가던 운동, 일기 쓰기, 시차에 맞춰 새벽에 참여한 온라인 예배, 동료들과 함께 나눈 소소한 대화, 그리고 가족과 친구들과의 연락이 모두 내게 작은 버팀목이 되어주었다.

그중에서도 가장 큰 힘이 되어준 건 가족이었다. 4시간의 시차가 장벽이 되곤 했지만, 전화기 너머로 내 이야기를 들어주고 이해하려 애써준 배우자의 얼굴과 웃음은 나를 구원해줬다. "엄마 보고 싶어. 언제 와?"라고 묻는 아이들의 목소리, 장난치며 노는 모습은 위안이 되었고 내 부족한 모습도 따뜻하게 안아주었다.

다시 바라본 고국에서의 내 일상은 달콤했고 평화로웠으며 안락했다. 그저 나의 어리석음이 그 모든 것을 충분히 누리지 못하게 했을 뿐, 이미 존재하는 일상을 그대로 사랑하기가 어찌 그리 힘들었는지. 지금이라고 해서 그때보다 덜 어리석다고 함부로 장담할 수 없겠지만 마냥 예전과 같지는 않으리라 기대하고 다짐도 해보며 감사와 사랑을 차근차근히 곱씹고 쌓아갈 수 있었다. 그 힘으로 벗어날 수 있었던 것 같다. 마치 철봉에 매달려 안간힘을 쓰다가 발밑에 작은 디딤돌을 발견한 것처럼.

결국 나를 일으켜 세운 건 거창한 무언가가 아닌 평범한 일상이었고, 감사였고, 사랑이었다. 오글거리긴 하지만 그 외 딱히 표현할 단어를 아직 찾지 못했다.

귀국, 다시 낯선 일상 속으로

더할 나위 없이 완벽한 일정이었다. 2024년 11월 24일, 일요일은 지난 1년간의 파병을 마무리하는 마지막 임무일이었고, 다음 날 새벽 비행기를 타고 한국으로 돌아갈 예정이었다. 마침 1주일간 진행된 'UNMO Conference'가 막 끝난 직후라, 1년에 두 번뿐인 미션의 모든 구성원이 한자리에 모이는 시간까지 함께할 수 있었다. 모두와 직접 인사를 나누고 떠날 수 있다는 건 흔치 않은 행운이었다. 보통은 각지에 흩어져 있는 작전 환경 탓에 일부 인원만 본부에서 만나 기념품을 주고받으며 작별하고, 나머지는 온라인으로 겨우 인사를 나누는 것이 전부였다.

모든 것이 차질 없이 진행되었다. 최근 새로 투입된 인원들과도 시간을 보내며 함께 세미나에 참석했고, 컨퍼런스 마지막 날에는 전원이 모인 자리에서 공식적인 작별 인사를 했다. 회의실을 나가는 모든 동료들과 포옹하며 그렇게 아름답게 내 마지막 날이 다가오고 있었다. 그런데 예상치 못한 변수가 발생했다.

반정부 시위대가 우리가 있는 수도 이슬라마바드로 진입해오고 있다는 소식이 들려왔다. 공항으로 가는 육로가 막힐 것이라는 정보판단에 따라 월요일 새벽 예정되어있던 한국행 항공권이 취소되고, 화요일 저녁 비행기로 변경되었다. 그때까지만 해도 여느 때처럼 주말이 지나면 시위가 해산될 것이라 낙관하고 있었다. 그러나 일요일 오후, 산책 겸 상황 파악을 위해 밖으로 나가보니 메인 도로 멀리 인파가 끝없이 몰려드는 모습이 보였다. 보이진 않았지만 선창하는 누군가의 목소리가 들렸다. 뉴스에서 봤던 전 총리의 부인이었을 것이다. 공원 여기저기엔 전날 쓰인 듯한 최루탄 탄피가 흩어져 있었다.

*

지금 이 글을 쓰고 있는 시간은 수요일 오전. 나는 여전히 이슬라마바드에 있다. 다음 비행기는 언제가 될지 기약할 수 없는 상태이다. 도대체 나는 언제 돌아갈 수 있는 거냐는 푸념조차 이 상황에선 철없는 아이의 투정처럼 들린다. 밤낮으로 헬기가 머리 위를 지나가고 어젯밤에는 우리가 있는 숙소에서도 총소리가 들렸다. 시위대에 대한 실탄 사용을 허용한다는 정부 발표가 있던 바로 그날 밤이었다.

새벽 2시 어간이었다. 작지만 분명한 총성이 들려왔다. 새벽에, 그것도 번화한 대도시에서 상상하기 어려운 일이 펼쳐지고 있었다. 그 외에 들리는 소리가 없어 더욱 생경하고 비현실적이었다. 여느 때처럼 고요한 가운데 연발의 총소리만 어둠에 균열을 내고 있었다. 우리에게는 모든 출입문과 창문을 잠그고 테라스에도 나가지 말라는 통제가 내려졌다. 그저 숨죽인 채 오지 않는 잠을 청하며 시간이 흘러가길 기다릴 뿐이었다.

"어? 상황 해제랍니다?!"

상황을 계속 추적하던 막내가 외쳤다. 아직은 조금 이른 오전 10시였다.

"정말?!"

어안이 벙벙했다. 아직은 일렀다. 불과 몇 시간 전까지만 우린 총소리를 들었으니까. 믿기지 않았지만, 와이파이를 벗어나도 휴대폰 인터넷이 다시 연결되는 걸 보고 비로소 상황이 사실임을 실감할 수 있었다. 시위가 한창일 때 파키스탄 정부는 모바일 인터넷망을 차단했었다. 21세기 언론통제의 방식은 바로 그런 모습이었다. 반신반의하며 시내로 나가 보았다.

거리는 평소보다 오히려 쾌적했다. 한산했고 깨끗하며 평화로웠다. 언제 무슨 일이라도 있었냐는 듯 말끔하게 돌아온 모습이었다. 그 말끔한 모습이 나는 더욱 무섭고 좌절스러웠다. 수많은 이들의 생명과 건강을 앗아간 수일의 유혈시위는 결국 아무것도 바꾸지 못했다. 아니, 작은 흠집조차 내지 못했다.

그들의 분노와 외침은 현실 앞에 너무나 초라했다. 그저 잠시 불특정 다수의 일상에 불편을 끼쳤을 뿐이었다. 예컨대, 인터넷망 차단으로 앱을 통한 택시 호출이 불가능해 기사들이 며칠간 벌이를 하지 못한 일 같은 것들 말이다. 다수의 생계 앞에서 '정의'를 위한 분노는 어쩌면 불필요한 분란에 지나지 않았던 듯하다.

반정부 시위대는 구금된 임란 칸 전 총리 석방을 요구하며 거리에 나섰다. 지난 선거에서 그의 당이 의회 다수를 차지했지만, 전통적 실세인 군부와 대립하며 갈등은 깊어졌다. 특히 서민층에서 그를 지지하는 이들이 많아 이 대립은 쉽게 끝나지 않을 것으로 보였다. 다행히 나는 시위가 진압된 틈을 타 무사히 귀국할 수 있었지만, 이후에도 시위는 계속되었다는 소식을 들었다.

*

그런 세상을 뒤로하고, 나는 화려한 아부다비 공항을 지나 귀국했다. 극심한 괴리감과 함께 다시 마주한 내 나라의 생경함에 나는 한동안 현실을 오롯이 받아들이기가 쉽지 않았다.

일부러 전투복을 입고 귀국길에 올랐다. 아부다비에서 한국행 비행기를 기다리는 플랫폼에는 집으로 향하는 수많은 한국인들이 있었다. 그런데 이상하게도 반가움보다는 낯섦이 더 크게 밀려왔다. 잠깐 괜히 전투복을 입었나 싶기도 했다. 꿔다 놓은 보리짝도 이보다 낫겠다 싶은 생각을 하며 비행기에 몸을 실었다. 집에 돌아가는 길이 마냥 설렘으로만 가득할 거라는 건 그저 나의 착각이었다는 사실을 실감하며 자리에 앉았다. 가족을 만날 내 마음이 어떤지도 잘 가늠되지 않았다. 그들을 마주했을 때 내가 어떤 표정을 지을지 궁금했지만, 사실 정확히 말하면 그저 멍하니 있었다는 표현이 더 맞을 것 같다.

"어디 다녀오세요?"

옆자리에 앉은 멋쟁이 아주머니가 내게 물었다.

"파키스탄에 파병 다녀오는 길입니다."

나는 조용히 대답했다.

"아이고…. 고생 많으셨네요. 결혼은 하셨어요?"

"아들 둘 있습니다."

"아이고…. 많이 보고 싶으셨겠네요."

지금도 의아하다. 바로 직전까지만 해도 아무 감정도 느껴지지 않던 내가 그 한마디에 눈물이 주르륵 흘렀는지.

"어머나, 내가 눈물 버튼을 눌렀나 보네요. 미안합니다."

되려 감사했다. 그 순간 나는 깨달았다. 내가 무감각한 돌덩이가 아니었다는 것을. 내가 두려운 건 슬픔이 아니라 아무 감정조차 느끼지 못하는 무감각이었다.

지루한 비행 끝에 공항에 도착했고, 짐도 찾았다. 이제 저 문만 나가면 남편이 기다리고 있으리라는 걸 알았다. 하지만 다시 잠깐 머뭇거렸다. 그때의 내 마음을 알 수 없었다. 괜히 베레모를 만지작거렸다. 각 잡아 쓰고 멋지게 걸어가 그동안 수고했을 남편에게 경례라도 할까 싶었다. 허나 되려 겸연쩍어 어째야 할까 망설이다가 무작정 그 문을 열고 나갔다.

남편이 기다리고 있었다. 나를 찾다가 보고는 활짝 웃고 있었다. 그는 웃는데, 나는 눈물이 났다. 딱히 예상치도 못했다. 내 모습이 당황스럽고 부끄러워 무작정 남편 품만 찾았다.

"왜? 못 올 것 같았더나?"

경상도 사내의 퉁명스럽게 던지는 속정이었다. 이렇다 할 대답도 필요 없는 인사였다. 그렇게 있다가 천천히 공항을 벗어났다.

돌아온 한국은 오랜만에 큰 눈이 왔었다 했고, 차고 상쾌한 공기가 가득했다. 한동안 누리지 못해 이제 생경해진 깨끗함과 쾌적함이 주변을 채우고 있었다. 정말로 나는, 돌아왔다.

안녕. 나의 파병일기.

*

이 글을 쓰는 지금은 복귀 후 두 달여가 지났다. 어느새 2025년이 되었고, 나는 새로운 부대에서 새로운 사람들과 나의 일을 하는 중이다. 파병은 끝났지만, 내 조국에 다시 적응하는 데에도 적잖은 시간이 필요했음을 솔직히 고백한다. 단순한 시차 적응의 문제가 아니다.

오랜만에 만나는 엄마를 보고 "엄마!" 하며 달려오는 아이들을 상상했다. 하지만 아이들도 조금 어색했는지, 큰아이는 쑥스러워했고 그나마 작은아이가 그저 말없이 다가와 그 작은 몸을 내게 기대었을 뿐이었다.

시간도, 장소도 익숙한데 어쩐지 모든 것이 생경하다. 일상적인 약속들조차 오늘인지 내일인지 영 와닿지 않았다. 누군가가 나를 하루 종일 옆에서 지켜보았다면 아마도 무언가에 홀린 듯 멍하니 떠도는 사람처럼 보였을 것이다. 그것은 내 의지로는 어찌할 수 없는 영역 같았다.

사흘쯤 지난 날이었을까? 문득 자다가 새벽에 눈을 떴는데, 옆에 누운 남편이 낯선 사람처럼 보여 깜짝 놀라 깬 적이 있었다. 분명 내 눈은 남편임을 인식하고 있는데, 머릿속에서 이뤄진 정보처리 결과는 누구인지 모를 낯선 이었다. 심지어 아이들조차도 아주 찰나의 순간이었지만 낯선 아이들로 인식되던 순간이 있었다.

시간이 해결해 줄 것을 믿었기에 딱히 불안하지는 않았지만, 내게 주어진 환경이 그 충분한 시간을 허락하기는 어려울 것이라 조금 걱정되던 것은 사실이다. 이제는 추억의 한 페이지로 여길 수 있다. 필요한 것은 그저 잠시 어눌해진 내 자신이 회복되기까지 걸리는 시간이었을 뿐이다.

종종 질문을 받는다. 다시 파병 나갈 마음이 있느냐고. 그럼 나는 "그렇다"고 답한다. 끝나지 않은 이야기들이 그곳에 있고, 그래서 누군가는 반드시 그곳에 있어야 한다는 것을 이제는 더 분명히 알게 되었기 때문이다.

5
국적을 넘어 마음으로 만난 사람들

옵저버 눈에 비친 파키스탄 1

옵저버 눈에 비친 파키스탄 2

국적을 넘어 마음으로 만난 사람들

옵저버 눈에 비친 파키스탄 1

by Hrvoje Heštera(Ph.D of Geography, Croatia)

헤르보예(Hrvoje)는 크로아티아 소령이자 지리학 박사로, 고국에서 사관학교 교수로 근무하던 친구였다. 키가 2m에 가까운 데다 말투도 거칠고 늘 사사건건에 문제의식을 제기하던지라, 작전지에서 그는 모두에게 '투덜이'로 불렸다. 그런 그의 태도 때문에 대부분은 그와 함께 임무 수행하기를 꺼렸다. 하지만 나는 그와 지내기가 유쾌했다. 나이가 비슷했고, 공교롭게도 또래의 아들 둘을 가졌다는 공통점이 있던지라 친해지기 퍽 수월한 조건이었다. 큰 덩치에 거친 말투가 첫인상에 오해를 부르기 쉽지만, 알고 보면 정도 많고 감성적이었던 사람이다.

아침이면 어김없이 그가 내려놓은 내 몫의 모닝커피가 테이블에 따뜻한 상태로 놓여있었다. 우유를 넣는 본인 취향과 설탕만 넣는 내 취향이 달랐던지라 우리의 커피는 늘 색이 달라 헷갈릴 일이 없었다. 그렇게 살가운 친구지만 때때로 파키스탄 드라이버들에게 임무를 지시하거나 동료와 의견이 엇갈려 맞부딪힐 때는 지나치게 공격적으로 비칠 때가 있었다. 그럴 때 내가 눈짓으로 제동을 걸면 곧장 온순해졌다. 스스로도 과하다는 것을 알고 있던지라 내 눈치가 그에게는 정지 신호 역할을 했던 모양이다. 어느 날 그는 농담처럼 물었다.

"야, 내가 아침에 커피도 타고 밥도 하네?"

"나도 가끔 하잖아. 근데 넌 매운 거 못 먹으니까 내가 해줄 만한 게 별로 없어."

"그래? 그래 그럼. 근데 내가 순찰 코스도 짜잖아. 그럼 넌 뭐 해?"

"나는 네 목소리 커질 때 널 진정시키지."

"그건 맞네….'

물론 초소에서 해야 할 일은 순찰 계획 말고도 행정적인 일이 수두룩했지만, 그는 그렇게 농담을 던졌고 나는 그렇게 맞받아쳤다.

지리학 박사답게 그는 지리에 해박했다. 길눈이 영 어두운 내게는 더없이 든든한 길잡이였다. 순찰 코스를 짜는 일은 언제나 그의 몫이었다. 이곳저곳 다니기를 좋아하는 친구였던지라 순찰 코스에 유독 공을 많이 들였다. 항상 내 의견을 물어보았지만 나는 언제나 "Yes!"였다. 언젠가 그가 내게 물었다. 왜 한 번도 "No"라고 하지 않느냐고, 혹시 동양인이라 그런 거냐고. 뜻밖의 인종 거론에 잠시 당황했는데, 아마도 이전에 다른 옵저버들과 함께했을 때 지나치게 긴 동선 때문에 불만이 쌓였던 경험이 많았던 듯했다. 나는 되물었다. 도대체 'No'라고 할만한 일이 뭐가 있느냐고. 어디든 결국 언젠가는

가야 할 작전지역인데 그게 뭐가 문제냐고 말이다. 그러자 그가 웃으며 말했다.

"내가 그래서 네가 좋아."

그때만 해도 나는 뭘 잘 몰랐다. 실제로 특정 지역은 너무 멀어서 옵저버들이 수년 동안 가지 않은 곳도 있었다. 활동적인 동료 덕분에 나는 지난 10년간 옵저버들이 가지 않았던 곳까지 2박 3일 일정으로 다녀오기도 했다.

임무지가 매달 바뀌는 환경 탓에 같은 옵저버와 같이 근무하는 횟수는 통상 두 번을 넘기기 어려운데, 이 친구와는 무려 같이 근무할 기회가 네 번이나 되다 보니 자연스레 대화할 기회가 많았다. 누군가는 농담처럼 "둘이 일부러 같이 근무하려고 손 쓴 거 아니냐"고 묻기도 했지만, 나중에 인사 담당에게서 "다들 그와 근무하기를 꺼려하는데 너라면 잘 지낼 것 같아 일부러 묶었다"라는 고백을 듣고서야 그 내막을 알게 되었다.

그의 해박함이 어느 정도였냐면, 캐나다에서 살다 휴가차 여행으로 고향을 찾은 파키스탄 대가족 일행을 앞에 두고 눈 앞에 펼쳐진 산맥과 계곡의 지리적 배경을 마치 현장 강의하듯 설명해 주던 일도 있었다. 그들은 감사의 표시로 파키스탄식 디저트 몇 개를 내어주곤 본인들의 여정을 위해 떠났다.

언젠가 그는 이 미션에 온 이유가 카슈미르를 직접 눈으로 보고 싶어서였다고 이야기했다. 실제로 카슈미르 북부에서 같이 근무할 때 그렇게 좋아하며 돌아다녔다. 덕분에 나 또한 평생에 한 번 볼까 말까 한 장엄한 산봉우리의 자태를 그와 함께 마주할 수 있었다.

어느 날 순찰 가던 길, 그는 차창 밖을 내다보며 말했다.

"여기 히말라야 서쪽 산자락의 카슈미르는 이상적인 생활 터전이야."

내겐 너무 높고 황량해 생명에게는 오히려 냉혹한 공간으로 보였던 곳이라, 그의 말에 반박하고 싶은 마음이 굴뚝같았지만 입을 다물었다. 전문가는 그였다.

"겨울은 온화하고 여름은 무덥지, 게다가 비가 고르게 내리잖아. 여기서는 1년에 두 번의 수확이 가능하다고. 게다가 봐. 아름답잖아. 저 끝도 보이지 않는 거대한 산맥이며 쭉 뻗은 나무들. 빙하에서 시작되는 계곡과 거기서 이어지는 젖줄 같은 강. 정말 축복받은 자연인데, 여기는 이런 아름다운 환경을 보호해야 한다는 자각이 거의 없지. 여기 봐. 약간의 공간만 있으면 죄다 쓰레기잖아. 게다가 이 끊이지 않는 매캐한 냄새는 뭐고. 여기 사람들은 뭐만 있으면 죄다 태워버리니까."

나는 지금 그의 말을 조금 다듬어 옮기고 있지만, 실제로는 불만을 토로하는 동안 그의 입에서 'F'로 시작하는 말이 연신 튀어나왔다. 그가 늘 문제를 제기하던 이유는 괜한 불평이 아니라 그의 영민함 때문이었다.

"봐. 여기 이렇게 강이 흐르는데, 새가 없잖아."

처음엔 새가 없는 강이 이상한가 싶다가도 진짜 정말 없다는 걸 깨달았다.

"새는 먹이사슬의 최상위에 있어. 먹이가 있다면 반드시 강 주변에 있어야 하지. 근데 없지? 강에서 물고기를 본 적은 있나? 저기 마을에 양식장에나 볼 수 있지."

시장에서 파는 생선은 거들떠보지도 않던 녀석이 초소 근처 양식장을 일부러 찾아가 눈을 반짝이던 게 그 이유였다. 나는 그 친구가 생선을 그토록 좋아하는 지는 세 번째 임무지 근처에 양식장이 있었기에 알았다.

"물론 물고기만 강의 유일한 생명체는 아니지. 그뿐 아니라 곤충, 달팽이 같은 먹이사슬 하위 단계의 생명체조차 없다는 거야. 그러니 새가 있을 수 없지. 이 생태계의 근본적인 원인은 바로 이들의 농업이야. 이렇게 좁은 땅에서 비교적 높은 수확량을 유지하는 비결은 화학이라고. 농약이라고 부를법한 그것들. 근데 여기 사람들은 이걸 제대로 쓸 줄 몰라. 무조건 많이 쓰면 좋은 줄 알지. 물론 수확량은 늘겠지. 그치만 과도하게 쓰인 이 약품들이 그대로 계곡을 타고 강으로 흐른다고. 근데 어쩌겠어. 이들은 장비를 쓸 만큼 넓은 경작지도 없이 오로지 가축과 인력에 기대면서 수확은 해야 하니 절박하겠지."

먼발치에서 낫질하는 아낙과 머리 위 한가득 무언가를 얹고 어디론가 가는 또 다른 아낙이 보였다. 아마도 집으로 가는 모양인데 그녀의 발걸음이 향하는 방향 한쪽에서는 어디서나 흔해서 이제는 풍경처럼 느껴지는 뿌연 연기가 불 냄새와 함께 피어오르고 있었다. 문득, 한국에서는 산불에 대한 위험 때문에 이런 곳에서 불을 피운다는 생각조차 하지 못했다는 기억이 떠올라 혼자 놀랐다. 그런 곳에서 온 내가 불과 몇 달 만에 이 풍경에 무감각해져 있었다.

"여기 이 쓰레기들 좀 봐. 농약 플라스틱이고 비닐이고 막 버리지. 근데 뭐라는 줄 알아? 비 오면 다 씻겨 내려가니까 깨끗해지니 문제없대."

환경을 사랑하는 '교수님'다운 그는 비가 모든 걸 씻어준다고 믿는 이들의 무지에 분노하며 'F'로 시작하는 단어를 연신 섞어가며 열변을 토했다. 그럴 만도 했다. 그가 만난 인도의 한 요리사는 한때 라주리에 흐르는 강에서 잡았던 물고기를 이야기하며 회상에 잠겼다고 했다.

"그는 이제 겨우 마흔 살이야. 현대적 생활방식이 이들에게 지식이 갖춰지기도 전에 너무 빠르게 들어왔어. 이 사람들한테 강은 그냥 문제를 씻어내는 존재일 뿐이야. 과학자들이 여기서 흐르는 강물 샘플을 가져다가 오염도를 측정한 적이 있었어. 결과가 어땠게? 거의 모든 항목에서 유럽의 허용 기준치의 몇백 배가 넘는 오염물질이 검출됐어. 문제는 정작 이 심각함을 이들만 모른다는 거야. 인도와 파키스탄은 세계에서 물 자원이 가장 많은 곳 중 하나인데, 여기서 흘러나간 오염된 물이 그들만의 문제가 되겠어?"

그렇게 이야기를 나누던 중, 우리는 산자락을 따라 오르다 한 계곡을 지나쳤다. 그 계곡의 윗자락에서 누군가 오토바이를 세차하고 있었다. 꽤나 정성스럽게 물을 붓고 천진하게 씻어내고 있었다. 그도 그럴 것이 오토바이는 이 험한 산자락을 극복하게 하는 그들의 가장 유용한 도구다. 그 모습을 멀찍이서 바라보며 착잡한 마음으로 우리의 작전지역으로 향했다. 물론 헤르보예는 그 천진한 이에게는 닿지 않을 'F' 단어를 또 내뱉고 있었다.

옵저버 눈에 비친 파키스탄 2
by Hrvoje Heštera(Ph.D of Geography, Croatia)

헤르보예는 내가 파병지에서의 경험을 글로 남기고, 기회가 된다면 책으로도 내고 싶다고 하자 가장 열렬히 응원해 준 동료 중 한 명이었다. 그러면서 자신도 기여하고 싶다며 방법을 알려달라고 했다.

"너는 지리학 전문가잖아. 네가 여기서 보고 느낀 것들을 나한테 말해줘."

"그건 너무 쉽잖아."

"너한텐 쉽지. 난 아니야. 나는 늘 신기하고 궁금해. 누구도 너만큼 나한테 친절하게 잘 설명해 줄 수 있는 사람은 없을 거야."

덕분에 이곳의 자연은 우리의 주된 대화 주제였다. 순찰 간에도 그는 내게 더 많이 이야기해 주려 했고, 구글맵이나 지도를 보면서도 즉석 강의가 이뤄지기도 했다.

때로는 작전을 마치고 돌아온 후에 저녁을 먹고도 몇 시간 동안 대화를 이어가기도 했다. 물론 늘 내가 묻고 그가 답하기만 한 건 아니었다. 그도 내가 심리학 교수였다는 걸 알기에 때로는 내게 질문하기도 했다. 예컨대, "행복이란 뭘까?", "나와 아버지의 관계는 어떻게 설명할 수 있을까?" 같은 물음에서부터, 때로는 그저 하염없이 자신의 어린 시절 이야기를 들려주곤 했다. 늦은 시간을 훌쩍 넘기기 일쑤였지만, 초소 발코니라 부르기에도 민망한 작은 공간에서 맞는 카슈미르의 여름밤 공기는 상쾌하고 경쾌해 대화를 이어가기에 더없이 좋은 배경이 되었다.

"이곳의 보물은 빙하야."

조금 이른 식사를 마치고 아직 해가 남아 있던 저녁, 초소에서 보이는 건너편의 봉우리 위 만년설을 보면서 그가 말했다.

"빙하?"

혹시나 해서 영어사전을 찾아봤다. 빙하? 내가 아는 그 커다란 얼음덩어리? 그게 왜? 아니, 어떻게?

문득 기억이 났다. 이전에 순찰을 함께 나섰을 때, 그가 히말라야의 모든 산맥은 빙하가 만든 것이라고 이야기한 적 있었다. 빙하가 산맥을 깎고, 부수고, 이동시키고, 일부는 바다까지 흘려보낸다고. 솔직히 내 머릿속에는 그림이 그려지지 않았지만, 그냥 그렇구나 하고 넘겼었다. 히말라야 봉우리들이 이토록 뾰족하고 거친 것은 오랜 풍화 때문이 아니라 빙하가 깎아낸 흔적이라 했고, 그래서 이 산맥은 의외로 지질학적으로 젊다고 했다. 그때도 그저 그런가 보다 했지만, 빙하가 '보물'이라는 개념은 여전히 내겐 낯설었다.

"왜? 어떻게?"

"빙하는 물을 가둬두거든."

"그런데?"

"놀랍지도 않네? 여기 히말라야와 카슈미르는 세계의 지붕이야. 남극과 그린란드를 제외하면 세계에서 가장 큰 수자원이야. 그러니까 지구에서 가장 많은 양의 식수가 이 지역에 빙하 형태로 저장되어 있지."

"오…!"

"더 놀라운 얘기 해줄까?"

"뭔데?"

"여기 사람들은 빙하를 재배해."

"뭐?"

그가 처음 사용한 단어는 'Breeding(사육)'이었다. 그런데 내가 못 알아듣는 것 같아 보이자 그는 덧붙였다.

"마치 가축을 키우듯이, 키우고 재배하는 거지."

내가 어리둥절한 표정을 짓자 그는 다시 설명을 이어갔다.

"이 사람들은 오래전부터 알고 있었던 거야. 빙하가 삶을 지탱하는 근원이라는 걸. 덕분에 해발 1,500m가 넘는 이곳에도 사람들이 살 수 있는 거지. 여기 파키스탄에는 8,000m가 넘는 봉우리가 있고, 거기에 어마어마한 양의 물이 빙하로 저장돼 있어. 거기서 녹아 흘러내린 물로 사람들이 살아가는 거야. 그러니 빙하가 많을수록 좋겠지. 기왕이면 잘 버티면 좋고. 그러니까 사람들이 빙하를 가져다가 심는 거야."

"와…. 어떻게?"

"둥지처럼 얼음을 배치해 빙하가 형성될 수 있는 중심부를 만드는 거야. 산비탈의 그늘진 곳, 그러니까 가장 더운 시기에도 얼음이 오래 유지될 가능성이 높은 위치와 강수량이 많은 지역을 고르지. 해발 4000m가 넘는 곳까지 기존 빙하에서 확보한 얼음 블록을 동물이나 사람 등에 지고 올라가 운반해 배치하면서 시작되는 거야."

"흐에…."

"가장 좋은 시기는 9월과 10월. 빙하 형성을 빠르게 하려고 그 장소에 얼음 블록과 함께 소금, 숯, 톱밥, 과일 씨앗 같은 걸 넣고, 그 위를 돌무더기로 덮어 보존하지."

"어마어마하구나."

"이 방법이 최소 200년 전부터 이어져 내려온 거라더라."

그 말을 듣자 예전에 다녀왔던 라카포쉬(Lacaposh) 베이스캠프의 빙하가 떠올랐다. 그때 봉우리에서 내려다본 계곡 가득한 빙하는 눈과 물로만 이루어진 것치고는 색이 탁했다. 당시엔 몰랐는데 지금 돌이켜보니 어쩌면 그것도 사람들이 재배한 빙하였을지 모른다. 그것 또한 인간이 살아남기 위한 전투의 흔적이라 생각하니 새삼 경이롭게 느껴졌다.

그뿐만이 아니었다. 빙하가 녹은 물을 온전히 사람 사는 마을까지 전달하기 위해 빙하에서부터 길게 파이프를 연결했다. 작은 폭포처럼 물을 쏟아내던 파이프 끝의 시작은 바로 그 서늘한 빙하였다. 단순히 계산해도 최소 2km가 넘는 파이프를 이어 삶을 지탱하고 있었던 것이다.

"그 덕분에 여기서는 해발 3,000m에서도 체리가 자라."

마침 북부 카슈미르는 6월이 체리 철이었다. 유독 크고 달콤해 인상 깊었다. 평소 체리를 좋아하는 편은 아니었지만 이곳 체리는 너무나 매력적인 명물이었다. 제철엔 값도 저렴해 실컷 먹을 수 있었다.

"그뿐만이 아니야. 사실 빙하는 굉장한 자연장애물이기도 하지. 그 어느 누가 이 험준한 산맥에 이어서 빙하를 극복하면서까지 넘어가서 침략하겠어. 한니발도 그건 못 할 거야."

"그렇겠지, 아마도."

"그래서 이 지역이 수많은 작은 왕국으로 나뉘었던 거야. 지금도 이 일대에 서로 다른 언어와 방언이 50여 개나 되는 이유지."

역시 인간의 삶, 그리고 개인이 모여 이루는 공동체는 자연의 영향을 벗어날 수 없는가 보다.

"그런데 넌 이런 걸 어떻게 다 아는 거야? 난 빙하 재배 같은 건 본 적도, 들어본 적도 없는데."

그가 씩 웃으며 대답했다.

"얼마 전 우연히 이곳 스카루드의 대학교수와 연결된 적이 있었지."

그러고 보니 예전에 그가 정찰을 나갔다가 자신을 대학교수라고 소개한 현지인을 만났고, 관심사와 맞아 외출 나가서 따로 만나보기로 했다고 했던 게 떠올랐다. '큰 기대 없다'던 말에 내가 괜히 왜 굳이 만나느냐고 묻자 그는 이렇게 답했었다.

"그래도 혹시 모르잖아. 사람 일은 알 수 없거든. 뭐라도 내게 주어졌을 때 안 하는 것보단 해보는 게 낫지 않겠어?"

"이야, 결국 큰 성과가 있었네."

내 말에 그는 어깨를 으쓱해 보였다.

"그런데 사실 처음엔 무슨 말인지 절반밖에 못 알아들었어. 빙하 재배라니. 너무 낯설잖아."

"그럼 너는 그걸 어떻게 해결했어?"

"논문을 찾았지. 마침 한 노르웨이 학자가 정리해둔 글이 있더라고."

"너, 대단한 녀석이구나."

그가 이번에는 눈을 새침하게 다시 떴다.

"그래서 그 교수라는 사람이 더 해준 이야기가 있어?"

"훗, 자기는 파키스탄 떠나고 싶다더라."

"왜?"

"뭘 하려고 해도 군사 목적 때문에 계속 막힌다고 하더라고."

그가 몸담고 있는 대학은 빙하 연구에 중점을 둔, 이 지역의 유일한 과학 연구 허브였다. 이미 스웨덴, 노르웨이, 영국의 과학자들과 협력하고 있었지만, 안타깝게도 이곳이 극도로 군사화된 지역이라 제대로 된 모니터링과 데이터 확보가 극히 제한적이라고 했다. 실제로 노르웨이 과학자들이 복잡한 절차를 거쳐 연구 장비를 들여왔지만, 군 당국이 그 목적을 알 수 없다며 설치된 장비를 곧바로 철거해버린 사례도 있었다. 그도 그럴법한 것이 파키스탄과 인도는 6,000m 이상의 고도인 시아첸 빙하에서 격렬하게 충돌해왔다. 그곳은 지금도 세상에서 가장 높은 전쟁터로 알려진 곳이다.

"그런데 참 안타까운 일이야."

그가 말을 이었다.

"뭐가?"

"이곳은 기후학자들에게 지구 온난화로 인해 빙하가 녹는 현상을 연구할 수 있는 최적의 장소거든. 이미 엄청 많은 빙하가 호수로 변했어. 언제든 홍수나 산사태로 이어질 수 있다는 말이지. 제대로 모니터링만 된다면 인근 주민들에게 경고 체계를 마련할 수 있을 텐데 그게 전혀 이루어지지 않고 있어."

그들의 숭고하고 집요한 노력을 듣고 있자니 잠시 잊을 뻔했다. 신도, 자연도, 결국 인간의 삶과 죽음에는 큰 관심이 없다는 사실을 말이다.

국경 너머의 인연들

나는 파키스탄에서 7개 초소 중 5곳을, 인도에서는 5개 중 2곳을 오가며 여러 외국군 장교들을 만났다. 이곳에는 총 14개국에서 파견된 44명의 옵저버들이 근무하고 있다. 그중 절반 정도와 같은 초소에 근무하게 되면서 그들과 겪은 이야기이다. 다만 44명 가운데 체코 공화국 출신 대령은 임무지 참모장으로, 나이지리아 출신 중령은 작전참모로 근무하고 있었기에, 나는 그들과 초소에서 직접 생활을 함께할 기회가 없어 이 글에는 담지 못했다.

*

크로아티아

"나 가라테 배운 적 있어."
"언제?"
"가만있자…. 일곱 살부터 열 살까지."

"그 이후엔?"

"못 했지. 전쟁이 났거든. 그때 배워서 일본어로 1부터 10까지 기억해. 이치, 니, 산….."

40대 초반의 크로아티아 동료 스테판(Stjepan)이 내게 해준 그의 이야기였다. 발칸반도의 바나나처럼 생긴 나라, 한때 '유럽의 화약고'라 불리던 그곳에서 온 사람이다. 90년대 전쟁을 겪었던 크로아티아에서 온 장교들은 내가 있는 미션에 수적으로 큰 비중을 차지했다. 14개국 44명의 옵저버 중 8명이 크로아티아 출신이었다. 인구는 400만 언저리에 있는 작은 규모의 경치가 아름다운 조용한 나라지만 한때 월드컵 준우승을 거머쥔 축구 부심이 있는 나라다.

그래서 2024 유럽 축구 리그를 어쩔 수 없이 크로아티아 동료 헤르보예와 함께 보게 되었다. 올해는 크로아티아가 초반에 탈락해서 그 여정이 길지 않았다. 다만 첫 경기를 패배했는데, 다음날 그가 보여 준 영상에서는 어떤 중년의 남성이 TV를 문밖으로 던져 부수고 있었고 영상을 보여 준 헤르보예는 낄낄거리며 혼잣말처럼 읊조렸다.

"우린 정상이 아니야…."

그들은 전쟁의 기억을 가지고 있다. 30대 중반에서 50대 초반에 이르는 이들은 어릴 적 전쟁을 겪었거나 실제 전투 경험이 있었다. 그래서인지 알게 모르게 '전사'의 기운이 느껴졌다. 임무를 수행하다 보면 방향을 잡거나 장비를 다루는 모습에서 묘한 현장 감각이 드러

났고, 그들의 가방 속에는 늘 유사시에 대비한 물건들이 빠짐없이 들어있었다.

남녀 모두 호탕하고 독한 술과 담배를 즐겼다. 때로는 거칠고 가끔은 무례하다는 평가를 받기도 했지만, 그것은 언어 특유의 억양에서 비롯된 듯했다. 개인적으로는 정 많고 순수하고 소박하다.

그중에서는 헤르보예와는 어쩌다 보니 같은 초소에서 자주 마주치고 나이도 비슷해서 유독 친해졌다. 2m 가까운 키에 종종 수염을 길러서 꽤나 성숙해 보이지만 나보다 한 살 어렸다. 그런 그가 장난삼아 나를 '누나'라고 부를 때마다 어떻게 반응해야 할지 몰라 당황하곤 했다. 가끔 술잔을 기울이며 이런저런 이야기를 나누다 보면, 때론 지극히 개인적인 속내까지 털어놓는 사이가 되었다.

지금은 박사 학위를 가진 육군 장교지만, 그의 배경은 그닥 녹록지 않았다. 한때 유고슬라비아로 불리던 체제가 붕괴되고, 공산주의가 무너진 뒤 갑작스레 자본주의로 전환되었다. 부모 세대는 그 변화에 적응하지 못했고, 그는 늘 돈이 부족한 집안에서 치열하게 살아야 했다고 한다. 조언해 줄 수 있을 만한 어른 누구 하나 만나보지 못한 채 청년기를 보냈고, 자기보다 열 살 어린 동생만큼은 어떻게든 후회하지 않았으면 해서 의사가 되기를 권해 지금은 의사로 지내고 있단다. 이제는 본인도, 동생도 안정된 삶을 살고 있지만, 여전히 가난했던 시절의 삶에서 벗어나지 못하는 부모님을 보면 마음이 아프다고 했다.

그가 들려준 담담한 이야기는 어쩌면 그들의 가장 가까운 역사 그 자체일 것이다. 어딘가 모르게 우리네 모습과 닮지 않았는가? 그래서인지 피부색도, 눈동자 색도, 쓰는 언어도 다르지만 왠지 모르게 친근하게 느껴졌다.

*

루마니아

"김연아 알아?"
"아니, 몰라."
"어떻게 Queen Yuna를 모를 수 있어?"
나는 그에게 김연아 밴쿠버 경기 영상을 보여줬다.
"본 적 없어?"
"없어. 미안, 아마 그때 유럽 축구리그가 있어서 못 봤나 봐."
"김연아가 우승한 경기가 이것뿐만이 아닌데, 정말 모른다고?"
"야, 그럼 넌 코마네치 알아?"
"알지."
"누군데?"
"체조선수잖아."
"어떻게 알아? 너 그때 어렸을 텐데."

"우리 엄마가 알려주셨거든."

루마니아. 내가 아는 것이라고는 코마네치, 드라큘라, 그리고 여기서 만난 두 명의 루마니아 친구가 전부였다. 한 명은 가브리엘 남군 정보장교, 또 다른 한 명은 다니엘라 여군 법무장교였다.

다니엘라는 나와 같은 초소에서 근무했는데, 작전에 나가는 걸 무척 좋아했다. 푸른 자연을 실컷 볼 수 있어서라고 했다. 그런데 그런 그녀가 임무를 시작한 지 석 달 만에 참모로 선발돼 본부로 이동하게 되었다. 10년 동안 문서와 씨름하는 게 지겨워 이곳에 왔다더니 또다시 책상 앞에 붙어 앉게 생겼다며 착잡해 했다. 덕분에 나는 본부로 선발되어 가는 친구를 위로하는 진귀한 경험을 했다.

가브리엘은 유창하지 않은 영어로도 사람들을 웃길 줄 아는 똑똑하고 유쾌한 친구였다. 그의 유머는 다소 신랄하고 반어적이었는데, 유럽 축구리그에 빠져 김연아를 모른다고 했던 장본인도 바로 그였다.

어느 날은 작전에 나갔다가 비를 흠뻑 맞고 돌아왔는데, 나는 다른 일 때문에 초소에 남아 있던 터라 젖은 동료들을 맞이할 수 있었다.

"작전은 어땠어?"

"오~ 오늘도 내가 카슈미르의 평화를 지키고 왔다는 자부심을 가슴 깊이 느끼고 왔지."

그의 유머는 이런 식이었다. 어느 날 저녁에는 식사하던 중에 한국이 대화에 오르게 되었다. 멕시코에서 온 Jorge(호르헤)가 이야기했다.

"한국은 발전한 나라잖아. 특히 서울은 온통 고층 빌딩들뿐이지. 나는 한국 가 보고 싶어도 그런 것들을 보러 가고 싶진 않아."

"아, 물론 그 말도 맞아. 하지만 조금 달라."

"어떻게?"

"네가 말하는 곳은 서울에서 주로 한강 남쪽, 그러니까 강남이고, 한강 북쪽, 그러니까 강북은 전통적인 모습이 함께 있어. 골목마다 느낌이 다르달까? 그래서 나도 강남보다는 강북이 더 좋아."

가브리엘이 이야기했다.

"아, 그러니까 너는 '북쪽'을 좋아하는구나?"

"…"

덕분에 나를 비롯해 같이 있던 크로아티아, 멕시코, 필리핀 친구 모두가 한바탕 웃었던 저녁이었다. 가브리엘은 또 이렇게 말하기도 했다.

"루마니아는 전쟁을 많이 겪어서 죽음에 익숙해. 그래서 묘비에도 우아한 글귀를 새기지 않아. 오히려 고인을 희화하는 표현을 많이 쓰지. '웃기던 놈'이라든지 '바보 같던 놈' 뭐 이런 식으로."

아마 그들은 그렇게 비극을 희화하며 상실을 이겨냈나 보다. 그의 유머처럼.

*

스위스 · 스웨덴

이들을 한데 묶어 이야기하면 정작 본인들은 어떻게 반응할까? 잠시 궁금하다가도 곧 시큰둥해진다. 서로가 닮았다는 걸 이미 알 테니 별다른 감흥은 없을 것 같다.

규정 준수라는 면에서 한국과 비슷하거나 더 철저한 나라들이 있다면 바로 이들일 것이다. 그래서 통상 '융통성이 없다'는 평가를 받곤 한다. 다소 부정적인 시선이 있어도 개의치 않는다. 주관이 확실하다. 간혹 파티가 있을 때 누군가는 화려하게 치장해 오는데, 이들은 청바지에 티셔츠 차림으로 나타난다. 그리고 정해진 시간이 되면 설령 상관이 있는 자리라 해도 마치 신데렐라처럼 자리를 떠난다. 바로 스위스와 스웨덴 장교들이다.

이들, 특히 스웨덴 장교가 거쳐 간 곳은 언제나 사우나가 가동된다. 그 열악한 곳에서도 철판을 잘라 이어서 틀을 만들고 강가의 돌을 주워다 쌓아 결국 만들어낸다. 나 역시 스웨덴 장교 테드와 함께 있을 때 그 호사를 누릴 수 있었다. 평소에는 무뚝뚝하고 말이 없던 그 친구도 사우나 안에서만큼은 해맑아지는 놀라운 광경을 목격할 수 있었다. 그 친구와 딱 한 번 사우나 안에서 대화를 나눈 적이 있었는데, 그와 함께한 한 달여 시간보다 더 많은 이야기를 나눴던 것 같다.

스웨덴 장교들은 회의 자리가 있으면 반드시 자신의 의견을 이야기한다고 한다. 그렇지 않으면 조직에 기여하지 않는 것으로 여겨진다고 한다. 치열하게 의견이 오간 후에 지휘관이 결정을 내리면, 반대 의견이던 이들도 기꺼이 그 결정을 따른다고 한다. 참 이상적인 모습이라고 생각했다. 실제로 늘 그런지는 알 수 없지만 말이다.

놀라운 건 스웨덴에는 어디에나 사우나가 있다는 사실이다. 심지어 공공기관에도 마치 화장실처럼. 사우나 안에서는 계급도 직위도 내려놓고 허심탄회하게 이야기를 나눈다고 한다. 서로 걸친 것이 없으니 인간 대 인간으로 만나는 셈이다. 물론 커다란 타월로 예의는 지킨다. 우리나라의 목욕탕 문화와 비슷한 듯하지만 우리는 그곳에서도 상관과 부하의 위계가 남아있지 않은가. 상관과 목욕탕에 가 본 적이 없는 나로서는 상상하기 어렵다. 그래도 문득 우리도 목욕탕이 아니라 사우나 문화가 있으면 좋겠다 싶었다.

테드와 함께하던 시기에 마침 부활절이 있었다. 푸근한 인상의 크로아티아 동료 싸이코(Sajko)가 손수 빵을 굽고, 정성껏 달걀과 치즈, 햄을 준비해 와인까지 곁들여 멋진 식사를 차려주었다. 마지막 빵 한 조각을 권했더니, 테드가 말했다. 스웨덴 문화는 차려진 식사 마지막 조각을 남기는 거란다. 과거 스웨덴에 먹을 것이 부족했고 마지막 것은 모두가 먹고 싶어 할 것이라는 마음에 타인을 배려해 나온 전통이란다. 그러자 싸이코가 빵을 아주 작은 부스러기만큼 잘라내고는 큼직한 나머지를 건네며 말했다.

"이게 마지막 조각이야."

그렇게 웃으며 마무리했던 식사가 그가 소초를 떠나기 전 나눈 마지막 식사였다.

*

필리핀

나는 파병 초반에 필리핀 장교들의 도움을 많이 받았다. 내가 처음으로 간 소초에 미리 있던 두 명의 장교가 모두 필리핀 출신이었다. 통상 같은 초소에 같은 국적의 장교를 배치하지 않는지라 이례적인 경우였다. 맨 처음 카슈미르의 가파르고 굽이진 산길을 가며 한동안 잊고 있던 멀미를 심하게 겪던 나에게 격려와 함께 사탕을 나누어 준 스튜어트(Stewart), 처음이라 모든 것이 낯설었던 나를 따뜻하게 맞아주고 적응할 수 있도록 친절하게 안내해주던 토레스(Torres)가 이들이었다. 같은 동양권이라 그런지 정서적으로도 비슷해서 친근하고 편안한 느낌이었다. 게다가 내 입맛에도 잘 맞는 음식을 종종 해주곤 했는데, 요리에 서툰 나와 달리 대부분 훌륭한 솜씨를 갖추고 있었다.

필리핀 장교들은 언어 활용 능력이 좋았다. 특유의 억양이 있어서 된소리 발음이 강하게 들리긴 했지만 글쓰기 실력은 수준급이었다. 그래서 현장 임무 수행은 물론, 참모로서도 뛰어난 역량을 발휘하곤 했다.

필리핀은 한국에서 가깝고 관광지로만 알고 있었는데, 막상 들어보니 내부 갈등과 무력 충돌도 끊이지 않는다고 했다. 특히 무슬림 배경 무장세력과의 충돌이 잦아 여행 제한 구역이 생기는 것도 그 때문이라고 한다. 작전에 투입됐다가 동료를 잃은 경험이 있다는 고백을 들었을 때는 마음이 숙연해졌다.

그럼에도 불구하고 그들은 언제나 낙천적이었다. 사람들과 어울리기를 즐기고 좋아한다. 필리핀 장교 숙소에서 파티가 있으면 거기엔 식탁 한가득 차려진 푸짐한 음식과 노래가 있어서 항상 기대하며 가곤 했었다. 유일하게 노래방 기계를 구비하고 있는 곳도 필리핀 장교 숙소였다. 그 숙소는 필리핀 무관(군사외교를 맡은 현역 대령)님의 숙소이기도 했는데, 파티가 열리면 무관님 부부도 스스럼없이 어울려 함께 먹고 마시고 즐겼다. 무관님은 항상 나를 만나면 이렇게 외치곤 했다.

"써니! 강남스타일!"

그 덕분에 강남스타일을 부르고 말춤을 췄던 적이 대 여섯 번은 되었던 것 같다. 국적과 상관없이 임무 수행을 마치고 고국으로 돌아가는 장교를 위해 파티를 열어주시는 분도 필리핀 무관님이었다. 누군가가 떠나는 날이면 어김없이 필리핀 하우스는 시끌벅적하고 즐거웠다.

*

태국

정확한 배경은 알 수 없지만, 혹은 단순한 우연일지도 모르겠으나 태국에서 온 장교들은 평균 연령이 가장 낮았다. 그래서인지 매사에 능동적이고 전자기기들, 특히 컴퓨터 관련한 활용 능력이 좋다. 성취욕도 강해 틈만 나면 개인 공부나 운동에 몰두하던 모습이 인상적이었다. 여섯 명 가운데 두 명은 태국군에서 선발돼 각각 미국과 영국에서 위탁 교육을 받은 재원이기도 했다.

고맙게도 한국을 참 좋아해 줬다. 씨리락(Sirilak)은 몇 차례 한국을 여행한 경험이 있었고, 라츄콘(Rachukon)은 내가 알지도 못하는 한국 드라마 이야기를 줄줄 꿰고 있었다. 또 나보고 '누나'라고 부르던 미국 웨스트포인트 출신 테파니츨런(Taephanichaleon)은 열심히 주위에 그 말을 가르쳐 준 덕에 나는 금세 여러 이들의 '누나'가 되기도 했다. 한 번은 지나가는 말로 태국 라면이 참 맛있다고 했더니, 본국에 휴가를 다녀온 그가 아예 라면 한 박스를 들고 와 내게 건네주기도 했다.

그런데 내가 파병 중이던 시기에 태국인에 대한 입국 심사 문제가 한국 뉴스에 오르내렸다. 이 어색한 상황을 어떻게 풀어야 할지 고민하다 파병 경험이 많은 선배 장교에게 조언을 구했다.

"선배님. 한국을 이처럼 사랑하는 나라의 사람들을 막 입국 거부 하고 그러던데, 저는 어찌하면 좋겠습니까?"

"그럴 땐 그냥 한국 살짝 같이 욕해주면 됩니다. 한국은 국제신사다. 한번 날려주시고 화합의 장을 열어보시죠. 하하."

그렇구나, 하고 마음의 준비를 하던 중에 예상대로 그 주제가 대화 테이블에 올랐다. 그런데 씨리락이 먼저 이렇게 말하며 웃어넘겼다.

"그거, 그럴 만도 해. 입국 심사대 사람들이 바보도 아니고. 내 얘기하나 해줄까? 예전에 우리 가족 5명이 단체 관광으로 한국을 갔었어. 그때 태국서 같이 출발한 사람들이 20명이었거든? 근데 한국 도착해서 호텔에 가 보니 15명이 사라진 거야! 그래서 단체 관광으로 갔는데 가족 프라이빗 관광이 됐지 뭐야."

그 순간 내가 준비한 말들은 다 무색해지고, 오히려 내가 더 머쓱해졌다. 태국 친구들은 요리 솜씨도 뛰어났다. 일과가 끝나고 현지 음식에 지칠 즈음이면 테파니출런이 고국에서 가져온 양념으로 기가 막힌 요리를 해주곤 했다. 내 입에도 잘 맞아 더없이 좋았다. 내가 뜨끈한 국물이 당길 때면 그들이 끓여주던 '찹차이'를 떠올리게 되는데, 이제는 나도 만들 수 있다. 남은 재료를 한데 넣어 끓이는 단출한 음식인데도, 자극적이지 않으면서 깊은 채소 육수의 풍미가 매력적이었다.

한국 드라마들을 외우다시피 하는 라츄콘은 태국에서 간호장교이자 두 아이의 엄마이기도 했다. 환자를 돌보던 직책 때문인지 언제나 사근사근한 말투와 친절함이 몸에 배어있었다. 이런 곳에서 흔히 만나기 어려운 캐릭터였다. 늘 어린 두 아이를 많이 그리워하기에 어느 날 물어보았다.

"라츄콘, 넌 왜 여기 지원해서 온 거야?"

"돈 벌려고."

"왜 그렇게 돈을 벌고 싶었어?"

"아이들을 사립학교에 보내고 싶거든."

공립학교와 사립학교의 차이가 그렇게 큰가 싶어 물어보니, 영어 이야기를 꺼냈다. 공립학교에서는 영어 수업이 일주일에 한 시간뿐이지만, 사립학교에서는 하루 한 시간씩 배운다는 것이다. 아이가 몇 살이냐고 묻자, 큰아이가 여덟 살이라고 했다.

한국에 있는 동갑의 내 아이는 영어 수업이 아예 없는데, 속으로 '그게 그렇게 큰 문제인가?' 싶기도 했다. 그런데 단순 커리큘럼 때문만이 아니라 기본적인 안전 문제 때문에라도 사립학교에 보내고 싶다고 했다. 다만 학비 차이가 어마어마하게 크다고 했다. 고국에서 자신의 봉급으로는 아이들을 그 학교에 보낼 수 없단다. 우리나라로 치면 초등학교일 뿐인데 다른 태국 친구들도 이름을 아는 것 보면 아마도 꽤 유명한 학교인가보다.

"그래서, 여기 와서 벌면 아이들 학교 보낼 수 있어?"

"응."

그렇다고 하니, 딱히 무슨 말을 보탤 수도 없었다. 문득 나 자신은 이런 고민을 해본 적이 있었나 싶었다. 나도 엄마인데….

그때 옆에 있던 미혼인 키티품(Kittepume)이 한마디 거들었다.

"한국은 공교육이 잘 되어있어서 네가 그런 고민을 안 하는 걸 거야."

순간, 속으로 외쳤다.

'아… 대한민국 만세.'

*

아르헨티나, 우루과이

"와우! 고기를 굽는 여자가 있다니!"

"왜…? 하면 안 되는 거야?"

"아니, 그 반대지. 고기를 굽는 여자가 있다고? 아르헨티나에서라면 모든 남자들이 당장 결혼하자고 할걸?"

"우루과이도 마찬가지야. 아! 우리 부모는 왜 나를 한국이 아니라 우루과이에 태어나게 한 거야!"

"거기다 축구까지 같이 본다면 더 고민할 필요도 없지!"

라틴 장교들의 숙소에서 바비큐 파티가 열리던 날이었다. 휴고(Hugo)라는 멕시코 친구가 옥상에 준비된 화로에 열심히 불을 붙이고 큼지막이 썰어 놓은 고기를 굽고 있었다. 본인이 호스트라고 굽고 나르고 동분서주하는 것 같아 내가 도와주겠다고 고기 굽던 집게를 받아 화로 앞에서 고기를 굽고 중이었다. 맞은편에서 맥주를 마시며 서로 담소를 나누던 아르헨티나와 우루과이 장교들이 나를 보더니 눈이 휘둥그레져서는 호들갑 떨며 하던 말이었다. 그 순간 아주 잠깐이지만 즐거운 상상이 스쳐 지나갔다.

우리나라에서 만약 땅을 곧장 뚫어 지구 반대편까지 간다면 부에노스아이레스에 도착한다는 이야기를 들은 적이 있다. 그 부에노스아이레스가 수도인 나라. 메시의 나라. 그것이 내가 알고 있던 아르헨티나에 대한 전부였다. 나와 같은 초소에서 근무하기도 했던 구스타보는 그 아르헨티나에서도 파타고니아 출신이었다.

파타고니아는 아르헨티나의 남쪽인데, 우리나라와 달리 아르헨티나는 남극이 가까워서 남쪽으로 갈수록 춥고, 파타고니아는 험준한 산맥과 빙하들이 펼쳐진 곳이라 한다. 그래서인지 그도 파키스탄 북쪽 히말라야산맥 끝자락의 만년설로 덮인 산과 호수 경치를 유독 좋아했다. 고국에서는 산악전 특기로 후배들을 교육했고 구조대 임무도 맡았다고 했다. 항상 등산에 대한 열망이 늘 가득해서, 시간이 나면 산악 용품 전문점에 들러 텐트나 바람막이, 로프 같은 장비들을 살펴보고 만지작거리곤 했다.

그의 말에 의하면, 우루과이는 아르헨티나와 형제 같은 나라라고 한다. 굳이 따지자면 아르헨티나가 형이고, 우루과이가 동생이라는 식이다. 나라가 넓고 규모 면에서 커서 그런 듯하다. 두 나라 모두 같은 언어를 쓰고, 마테차를 즐기며, 나른한 오후의 시에스타를 누린다. 축구와 춤을 사랑하고, 대개 낙천적이며 늦은 시간까지 이어지는 파티를 즐긴다.

돌이켜보면, 늦은 밤 다른 동료들이 잠든 늦은 시간에 남아 나와 같이 넷플릭스를 보며 웃고 떠들던 이도 이라부에나(Irabuena)라는 우루과이 친구였다. 이 친구에게 〈피지컬 100〉과 〈팬텀싱어〉를 알려줬더니 무척 흥미로워하며 챙겨봤다. 서로 다른 초로 배정되어 이동한 후에도, 휴가차 고국에 갔을 때도 이라부에나는 지금 피지컬 100 보고 있다며 인증샷을 찍어 보내오곤 했다.

구스타보는 우리 표현으로 하면 비교적 숫기 없는 친구였다. 농담도 잘 않는 편이라 어색한 게 싫은 나는 단둘이 식사할 때면 무슨 얘기를 해야 하나 고민해야 했다. 그런데도 아르헨티나 이야기가 나오면 눈빛이 달라졌다. 그럴 때마다 내가 일부러 물어본 덕분에 그는 종종 아르헨티나의 이런저런 이야기를 들려주곤 했다.

산, 정글, 들, 바다, 강, 빙하, 사막까지 세상에 존재하는 거의 모든 자연경관을 만나볼 수 있는 곳이 아르헨티나라고 한다. 풍부한 자원을 바탕으로 2차 세계대전 당시에는 양쪽 진영 모두를 지원하기도 했다고 한다. 공교롭게도 인구 규모는 우리나라와 비슷하지만, 국토 면적은 무려 24배나 크다. 이민자가 많은 나라이며, 특히 이탈리아계와 스페인계가 주를 이루어 일상 문화도 그쪽을 많이 닮아 있다. 구스타보 역시 이탈리아계 출신으로, 그의 성 까따네오(Cattaneo)가 그 증거라고 한다. 주말이면 가족이 모여 파스타를 먹는 것이 늘 일상이었다며, 내가 스파게티를 해줬을 때 그런 이야기를 들려주었다.

아르헨티나 사람들은 대체로 낙천적이고 때로는 느긋할 만큼 여유로운 사람들이지만, 축구에만큼은 예외라고 한다. 덕분에 메시는 천국과 지옥을 오갔어야 했다. 내가 본 다큐멘터리 속 아르헨티나 사람들은 메시가 골을 넣으면 신처럼 추앙하다가도, 실책을 하면 대번에 돌변해서 비난하고, 헐뜯고, 그의 사진과 유니폼을 불태우는 모습이 담겨있었다. 아르헨티나는 그렇단다. 중립이 없다고 한다.

축구뿐 아니라 정치도 그렇다. 우리 식으로 말하면 '중도'라 할 만한 정서가 아예 존재하지 않는다고 한다. 그래서 기존 정치에 대한 불신과 망가진 경제에 실망한 국민들은 결국 극우 성향의 현 대통령을 선택했다. 모두가 그의 과격함을 인정하면서도, 지금은 그런 과격함과 파격이 필요하다고 여겼다는 것이다.

이런 이야기를 나눌 때면 구스타보의 눈은 언제나 반짝였다. 눈으로도, 입으로도 아르헨티나를 사랑하는 숫기 없는 젊은 장교였다. 바비큐와 맥주 대신 없는 재료로 만든 피자와 콜라뿐이었지만, 잠시 남미의 와인과 탱고, 광활한 초원과 만년설에 취한 듯한 저녁이었다.

*

멕시코

남미가 열정적이고 로맨틱으로 대륙으로 불리는 건, 어쩌면 멕시코를 품고 있어서일지도 모른다. 여느 남미 친구들처럼 파티와 흥을 즐기지만, 멕시코인들은 유독 그윽한 눈빛을 지녔고 스킨십에도 거리낌이 없다. 처음 만난 사람과도 가볍게 포옹으로 인사하는 문화가 낯설어 처음엔 조금 당황했지만 이내 금세 익숙해졌다. 대화의 주제도 다채로워 이들과의 대화는 언제나 시간 가는 줄 모르게 유쾌했다.

"멕시코에서는 절대 여자가 문 열고 들어가지 않아. 언제나 남자가 열어주거든."

"왜? 멕시코 여자들은 손이 없어?"

농담으로 던진 말이었지만 조금은 부러웠다. 그런데 그런 멕시코에서 한국 남자들이 그렇게 인기가 많다고 한다. 휴고(Hugo)의 어머니도 그렇게 한국 남자를 좋아하신다고 한다.

"왜?"

"드라마에서 보면 한국 남자들이 엄청 친절하고 나이스하다고…."

"음. 현실은 드라마랑 거리가 많이 먼데?"

"오! 제발 우리 엄마가 그 사실을 모르게 해줘."

직접 뵌 적은 없지만, 멕시코의 한 중년 여성이 한국을 좋아해 준다는 사실이 고마웠다. 곧 생일이라는 휴고의 어머니께 한국말로 "생일 축하합니다" 하고 인사하는 영상을 보내드렸고, 곧 한국으로 올 후배에게 부탁해 한국에서 가져온 손부채를 선물로 보냈다.

"이쁘다~ 고마워."

그의 말처럼 기뻐할 어머니 모습을 상상하니 흐뭇했다.

휴고는 해군 특수전 장교였고, 나와 몇 차례 같은 초소에서 근무했던 호르헤(Jorge)는 해군 파일럿이었다. 나와는 전혀 다른 환경에서 일하던 이들인지라, 그들의 이야기는 늘 흥미로웠다. 가끔은 '보안'이라며 말을 아끼곤 했는데, 워낙 수다스러운 친구들이라 오히려 그럴 때면 더 대단한 이야기가 숨겨져 있는 건 아닌가 싶었다.

그들이 이야기 중에 흥미로웠던 건 마약에 관한 이야기였다. 안타깝지만 오늘날 멕시코 해군의 주요 임무는 마약 유통을 감시하고 차단하는 일이라고 했다. 2023년에는 악명 높은 마약왕을 체포하기 위해 육·해군이 총동원된, 그야말로 작은 전쟁과도 같은 작전이 벌어졌다고 한다. 그만큼 군은 갱단의 주적이 되어버렸고, 그래서 군인들은 부대 밖에서는 유니폼을 입을 수 없다고 했다.

"응? 부대 밖에서는 유니폼을 안 입는다고?"

"내가 군인인 게 식별되면 갱의 표적이 되거든. 게다가 나는 해군 파일럿이라 목숨값이 비싸. 갱단 두목한테 내 목을 가져다주면 꽤 큰돈을 받을걸?"

그러면서 낄낄거리던 것이 영 못 미덥고 지금도 여전히 믿기 어렵지만, 영화에서 본 카르텔의 살벌함을 떠올리니 농담 같지 않았다.

"그럼 너희도 마약 문제가 굉장히 심각하겠네?"

"꼭 그렇진 않아."

"왜?"

"우리에겐 마약은 나약한 놈들이나 하는 거라는 믿음이 있어. 그래서 우린 이렇게 말하곤 해. '우리는 마약을 만들긴 하지만 마약쟁이는 아니다.'"

'약은 나약한 놈들이나 하는 것이다' 꽤 멋진 슬로건이다. 멕시코는 빈부격차도 크고 악명 높은 카르텔도 많아서 삶이 고달플 법도 하건만, 정작 사람들은 정이 많고 따뜻하다고 한다. 실제로 내가 만난 이 친구들도 그랬다. 없는 살림에도 손님을 위해 뭐라도 내어놓고 싶어 하던 파키스탄 사람들과도 닮아 있었다.

어느 날 그에게서 연락이 왔다.

"써니! 멕시코 해군사관생도들의 배가 이번에 5일간 한국 인천항에 있을 거야. 누구든 구경할 수 있으니까 친구들한테도 알려줘."

배라니. 아, 그렇지. 그는 지금은 비행기를 타지만 본래 해군이었고, 한때는 멕시코 해군사관학교 교수이기도 했다. 멕시코 해군사관학교의 생도들은 매년 순항 훈련을 떠나는데, 올해 2024년에는 우리나라 인천항을 찾았다고 한다. 나는 직접 가 볼 수는 없었지만, 사진으로 본 그 배는 고풍스럽고 우아하면서도 참 아름다웠다.

"아쉽다. 나도 보고 싶다."
"하하, 한 5년쯤 후에 또 올 거야."
"그때 나, 너 친구라고 하면 잘해줄 거야?"
"그럼! 갑판 위에서 멕시코식 식사 한 끼 정도는 문제없지. 내가 연락해둘게."
그게 진심인지 아니면 특유의 허풍인지는 알 수 없지만, 어쨌든 그들답게 유쾌했다.

*

이탈리아

김창옥 님의 토크쇼에서 이탈리아 남자들을 '여성들이 가장 빨리 사랑에 빠지는 남자'라고 소개했던 기억이 난다. 정확한 내용은 가물가물하지만, 사랑한다는 말을 아끼지 않고 감정을 풍부하게 표현하기 때문에 로맨틱하게 느껴진다는 것이 이유였던 것 같다.

이탈리아에서 온 '마르코'가 로맨틱한지는 알 수 없었지만, 분명히 정중한 사람이었다. 누구에게든, 어떤 상황에서든 신사처럼 행동했고, 화를 내거나 흥분하는 모습을 본 적이 없었다. 그래서인지 항상 믿음 가는 친구였다. 그의 주장은 논리적이었고 항상 근거가 있었으며 그래서 무게가 있었다. 그렇다고 해서 앞에 나서지도 않았다. 묵묵히 주어진 일을 성의껏 해내면서도 늘 주변의 의견을 묻는 배려도 놓치지 않는 친구였다.

하지만 그가 본부 참모 직에 지원해 선발되는 바람에 함께할 시간이 줄어들었고, 더 오래 함께 근무하고 싶다는 생각이 들었었다. 그래도 그의 선발 소식이 반가웠고 누구보다 잘 해낼 것이라는 믿음에 기꺼이 응원했다.

그러던 어느 날, 그가 내게 물었다.

"한국인은 왜 그렇게 친절하고 배려가 깊지?"

"응? 그래? 그랬나? 그런 것 같아?"

"응. 겸손하고 친절하잖아. 타인도 잘 배려해주고. 유럽과는 다른 것 같아."

"나도 잘은 모르겠지만…."

나는 잠시 생각하다가 언젠가 읽었던 『총, 균, 쇠』라는 책에서 읽었던 한 구절을 짧게 설명해 주었다. 논농사를 주로 하는 문화에서는 다른 이의 도움이 절대적으로 필요하다 보니 자연스레 화목과 협력이 중요한 가치가 되지만, 밀 농사를 중심으로 하는 문화에서는 그런 필요가 덜해 문화적 차이가 생겨난다는 저자의 이론이었다.

"그것도 좋은 설명이네. 하지만 나는 여전히 궁금해. 유럽 사람들은 언제 어디서든 자기 잘난 걸 뽐내고 증명해야 하거든. 그런데 한국 사람들은 그렇지 않아. 그리고 난 그게 참 좋아."

옆에서 딴지를 걸려던 다른 유럽인 친구를 향해 그는 말을 이어갔다.

"맞잖아. 솔직히 말해봐. 운전할 때 클락션 얼마나 눌러? 조금만 막혀도 빵빵거리잖아. 그게 바로 차이야. 나는 이렇게 서로 배려하고 친절한 게 좋아. 우리도 좀 배워야 해."

그렇구나. 이토록 신사 같은 친구가 살아왔던 공간은 그만큼 정작 신사적이지 않았던 모양이다. 물론 어디든 좋은 모습과 나쁜 모습은 늘 공존하겠지만.

그런데도 낭만과 풍부한 문화유산과 멋스러움으로 대변되는 이 탈리아에서 온 그가 우리를 부러워한다니, 괜스레 어깨가 으쓱해졌다. 그날은 칠흑같이 어두운 산자락 정상에서 동이 틀 때까지 파키스탄과 인도의 LoC(Line of Control, 통제선) 초소를 철야 감시하던 밤이었다.

에필로그

내가 파병을 지원한 이유는 두 가지였다.

하나는 파병 장병들의 스트레스를 직접 알고 싶어서였다. 내가 2년 반 몸담은 3사관학교 심리학과는 생도들을 대상으로 심리학이라는 학문을 가르치기도 하지만 파병 장병 스트레스, PTSD(Post traumatic stress disorder), 군 상담과 같은 영역에도 관심을 갖고 연구 활동을 하기도 한다. 그러던 중에 기회가 된다면 직접 파병을 경험하고 파병 장병의 스트레스에 대해 더욱 현실적으로 접근할 수 있지 않을까 싶었다.

다른 하나는 전쟁에 대한 간접경험이었다. 나는 군인이지만 전쟁을 알지 못한다. 훈련을 통해 상상 속에서 움직이는 것, 혹은 역사 속 전사나 책 속에서 '읽을' 뿐이었다.(읽었던 것이 전부였다.) 우리나라 최전선에 배치된다면 조금 더 가까워질 수 있겠지만, 군 생활 16년 동안 내게 그런 기회는 주어지지 않았고 앞으로도 기약할 수 없다.

이러한 이유로 파병을 지원했는데, 주위를 둘러보니 많은 장병들이 관심은 있지만 막연한 두려움으로 선뜻 나서지 못하고 있었다. 가장 큰 장벽은 언어였다. 통상 파병을 지원하려면 매우 유창한 영어 실력이 요구된다고 생각하는데, 이게 일차적인 큰 장벽으로 여겨지는 것 같았다. 하지만 단언컨대, 상상하는 것처럼 유창한 영어 실력이 요구되지는 않는다.

생각보다 파병지에서 임무 수행 간 필요한 능력은 다양하고, 그중 하나만 충족하더라도 도전하고 경험해볼 만하다. 특히 한국인으로서 우리가 가진 강점은 결코 적지 않다.

여러 나라에서 온 장병들이 영어로 소통하긴 하지만, 모두 모국어가 아니다. 유창하지도 않거니와 독특한 억양들이 있어서 우리가 한국에서 외국어로 접한 정형적인 영어가 오가는 것이 아니다. 그래서 유창하고 정확한 영어로 말해야한다는 압박은 내려놓아도 된다. 그저 수단과 방법을 가리지 않고 정확한 내용만 전달되면 임무 수행에 지장이 없다.

오히려 말하기보다는 잘 듣는 것이 더 중요하다. 영어시험의 듣기 평가에 임한다는 마음으로 귀 기울여 들어주고 간단하게라도 호응만 해주다 보면, 어느새 다른 국적의 친구가 생기는 놀라운 경험을 하게 될 것이다.

*

한국인의 소위 '일머리'는 세계적 수준이라는 사실을 실감했다. 그런데 그 '일머리'라는 것이 대단한 기술이나 특별한 재능을 뜻하는 건 아니다. 규칙을 준수하고, 시간을 지키고, 주어진 것을 끝까지 마무리하는 것. 한국 군대에서 지내온 장병이라면 누구나 몸에 밴 습관 같은 것들이 결국은 경쟁력이 된다.

그리고 우리가 가진 또 다른 강점은 나는 '정서적 자산'이라고 부르고 싶다. 타인을 배려하는 마음, 우리가 흔히 '인간다움'이라 부르는 그것. 또 우리 조부모님, 부모님 세대로부터 전해 들은 배고픈 시절의 기억이 바로 우리의 정서적 자산이다. 바로 전 세대가 배고픈 시절의 서러움을 겪은 분들이라서, 그것을 듣고 자라온 기억이 있어서, 그래서 여기 내가 만나는 배고픈 사람들의 모습이 마치 그분들의 과거가 아닐까 싶은 마음에 함부로 측은해하지도, 함부로 무시하지도 않는다.

아이들에게 사탕 하나를 건네거나 동냥하는 이에게 몇 푼 쥐여주더라도 하대하거나 무시하지 않는다. 어쩔 수 없이 몸에 밴 태도일지라도, 그런 태도 자체가 현지인들과 소통하거나 타국 장교들과 어울리는 데에 큰 힘이 되었다.

또 스스로 노력해야 할 부분이 있다면, 건강한 자존감을 지키는 자기만의 방법을 한두 가지쯤 가지고 있으면 좋겠다. 자존심이 아니라 자존감이다. 건강한 자존감은, 함부로 'NO'라고 하지 않지만 정말 필요한 순간에 'NO'를 말할 수 있게 해준다. 자존감을 건강하게 유지하는 방법이 본인의 확고한 취미일 수도 있고, 본인에게 중요한 누군가와의 소통일 수도 있다. 확고한 취미가 뚜렷하지 않은 나는 운동과 통신 기술 발달 덕분에 가능해진 소통을 택했다.

또 어떤 취미를 갖고 있든 간에, 파병지에서만큼은 규칙적인 운동을 반드시 권하고 싶다. 건강한 신체에 건강한 정신은 동서고금을 막론한 진리다. 파병지에서의 향수, 외로움은 때때로 걷잡을 수 없는 상념으로 몰아 나를 움츠러들게 하기 십상이다. 그럴 때마다, 혹은 그러기 전에 땀이 나도록 움직이면 어느새 현실감각을 되찾고 힘을 얻는다. 그렇게 체력도 좋아진다면 자존감 고양에도 큰 도움이 된다. 나는 아예 정해진 시간에 체육복으로 갈아입고 운동하는 습관을 들였고, 그것이 큰 버팀목이 되어주었다.

또 한가지, 관심이 있다면 몇 가지 간단한 요리는 익혀두는 게 좋다. 원래 나는 요리에 대해 별다른 흥미가 없었지만, 파병지에서 되려 새로운 흥미를 갖게 되었다. 현지 음식은 하루 이틀이면 괜찮지만, 관광객으로 여행 온 것도 아닌지라 어쩔 수 없이 먹다가도 반드시 한계에 도달하게 마련이다. 아무거나 잘 먹는다고 장담한 나였고, 해외여행에 이것저것 챙겨가던 사람들을 유난스럽다 속으로 비웃던 나였는데, 고추장과 김치가 그렇게 그리울 수가 없었다. 생오이를 못 먹던 내가 고추장이 그리워 현지에서 오이를 사 껍질을 벗기고 고추장에 찍어 먹으며 상쾌해하는 모습에 스스로 놀랄 정도였다. 요리를 조금이라도 할 줄 알았다면(요리를 좀 더 익혀왔더라면) 현지에서 구한 재료들로 이것저것 해 먹었을 텐데 싶어, 가끔 만나는 한국 장교의 어깨너머로 보고 배우거나 인터넷으로 찾아서 만들어보기도 하며 한국 맛 그리움을 달래곤 했다. 세상엔 다양한 음식과 맛이 있지만, 결국 익숙한 맛을 벗어날 수는 없다는 것을 느꼈다.

*

　파병을 통해 내가 얻은 소중한 경험은 무엇보다도 다른 나라에서 온 장교들을 만나 그들의 이야기를 들을 수 있었다는 것이다. 그들의 나라와 군대 이야기를 들으며 모습은 조금 다르고 각자 다른 장점들이 있었지만, 결국 비슷한 문제와 불만을 토로하곤 했다. 어느 철학자의 말처럼, 행복은 저마다 다른 이유로 찾아오지만 불행은 같은 이유로 찾아온다 하지 않았던가. 결국 우리가 '문제'라고 여기는 것들은 결코 우리만의 것이 아니었고, 우리만 힘들어하는 것도 아니었다. 그리고 우리는 비교적 이성적이고 건전하게 문제들을 극복하기 위해 노력하는 중이더라는 결론에 닿았다. "우리가 최고다"라고 외치고 싶은 것이 아니라, 지금도 충분히 잘하고 있으니 서로를 신뢰하고 격려하며 함께 나갈 수 있을 것이라는 믿음이다.

　그렇게 다시 돌아보니, 내 나라가와 내가 몸담은 군대가 사랑스럽게(더욱 애틋하게) 느껴졌다. 작지만 결코 약하지 않은 나라. 선한 사람들이 있고, 건강하고 굳건한 군대가 있는 나라. 그 안에 있을 때는 그저 한 방향만 보느라 몰랐는데, 떠나와 멀리서 보니 비로소 마주할 수 있었다. 이제야 시선이 만나고 자세히 볼 수 있었나 보다. '자세히 보아야 예쁘다'는 어느 시구처럼, 마주 서서 자세히 바라보니 참 예뻤다.

그러니 한 번쯤은 나라 밖 세상을 내 눈과 마음에 품어보고 싶다면, 내 나라와 군을 세계 무대에서 바라보고 더 깊이 사랑하고 싶다면, 영어가 조금 어렵게 느껴지더라도 충분히 도전해 볼 만하지 않을까 싶다.